傷痕文學第一人：陳若曦
The First Lady of Scar Literature: Lucy Hsiu-Mei Chen

By Chang C. Chen, PhD, JD 邱彰

copyright©2022 by Chang C. Chen

All rights reserved

No part of this book may be reproduced or utilized in any form or by any means, electronic or mechanical, or by any information storage or retrieval system, without written permission from the publisher.

ISBN : 978-1-949736-40-3

Includes bibliographical references.

目錄 | CONTENTS

Herstory: in her own words ... 5

Herstory- 美國華人女性口述歷史系列 ... 7

序文
  1. 反璞歸真 陳若曦／邱彰 ... 9
  2.「凡事未經語言證實前不為真」
    -- 談陳若曦與華人女性歷史／何豪毅 ... 11
  3. 豪邁的年代／張國立 ... 13

現在的我 (2021) ... 15
  關於老後 ... 21

我的幼年 ... 24

大學時代 (1957-1961) ... 28
  憶瓊瑤 (1952) ... 30
  憶三毛（1958） ... 31

貴人麥卡錫 (1961) ... 33
  憶張愛玲 (1961) ... 33
  憶「紅包」 ... 36
  文壇奇人夏志清 (1962) ... 36

第一次婚姻的旋轉門 (1964-1996) ... 39

回歸祖國 (1966) ... 42
  老毛為了奪權搞文革 (1966) ... 43
  長子段煉出生 (1967) ... 45

進入「華水」教書（1969）	47
八億人民八部戲 (1966-1976)	53
1971年	57

「尹縣長」出版 (1976)   60

第二次婚姻   62

憶聶華苓   64

三次見蔣經國 (1980)   66

胡耀邦接見 (1985)   72

憶班禪喇嘛與兩次訪藏 (1987)   78
1987 拉薩見班禪   84

創組「海外華文女作家協會」(1989)   92

小兒子的坎坷命運路 (1989)   93
我不信命卻認命   95

主編「僑協雜誌」   96

以寫作關心社會議題   98
台獨不可行   99
比較中美殺人者償命的法律   100
支持女權   101
為同性戀者發聲 (1986)   101
我看「送中」及「反送中」(2019)   103
評韓國瑜選總統 (2020)   105
騙案翻新，老人上當多   105

陳若曦介紹   107

"Herstory: in her own words"

Oral History of Chinese American Women Series

Preface

Since 1960, many of Taiwan's elite college women graduates began a movement to study at leading American graduate schools. They are called the Overachiever Generation. The situation changed drastically in 2000 when China emerged as a world economic power. American schools were no longer the only option, and most of Taiwan's youth choose to further their studies and work in China where language and culture are not a barrier.

In 2014, I met Dr. Chang Yu-Tung, Director of the National History Museum of Taiwan. Dr. Chang convinced me to curate an exhibition, "Herstory—the Legal History of Chinese American Women." It suddenly dawned on me that I should record the oral history of those groundbreaking Chinese American women whenever I had a chance to meet them for the exhibition.

When I was growing up in Taiwan, I did not see any women leaders in any profession. But the women I met for the exhibition were different. They endured the most difficult challenges and they faced hostility and criticism. Eventually, they found creative ways to overcome barriers and made it to the top.

Now, in facing the sunset of their lives, how do they help their American born children understand their extraordinary achievements? How do they pass on their experiences and wisdom? Being a member of the Overachiever Generation myself, I passionately want to preserve its legacy and glorious history.

Today, the tenth printed book in series of Chinese American Women is published. It is entitled, "The First Lady of Scar Literature: Lucy Hsiu-Mei Chen". I hope you will share our joy and help us introduce our series to your younger friends, hopefully to assist them in achieving their goals, remember the past, and to encourage other Chinese American women to be proud of what we have accomplished.

|前言|
Herstory-美國華人女性口述歷史系列

從 1960 年開始,一批批台灣最優秀的女性學子至美國求學,沒拿到博士學位的幾乎無顏回家見江東父老。這些留學生世代被稱為「高成就世代」(Overachiever Generation)。

情況到 2000 年起了變化,中國崛起,製造了可觀的經濟機會。到美國留學的中國年輕人愈來愈多,也排擠了台灣年輕人到美國求學的機會,而當年決定留在美國高就的留學生,除了國籍變更之外,也面臨了文化斷層,沒有台灣年輕人接班了,他們的風光即將埋入歷史。

我也是這群「高成就世代」的人,我常苦思如何在我們因年齡而隨風飄逝之前,保留住這段輝煌。2014 年,我因緣際會認識了台灣國立歷史博物館館長張譽騰博士,受邀策展 HERSTORY- 美國華人女性法律史,也因之認識許多傑出的美國華人女性,我忽然想到,何不為這些創造歷史的女性錄製口述歷史?

看著她們已經灰白的頭和智慧的眼睛,這群不凡的女性是我在長大時沒在職場看到的。她們當年面對了最艱困的環境以及周遭不懷好意的眼神,卻依舊披荊斬棘、開天闢地,成為各行各業的第一。

她們已經逐漸老去,她們生在美國只會講英文的子女,如何了解母親之不凡?而她們的經驗及智慧又如何承傳?今天年輕的華人女性要在職場出頭天依舊困難重重,這種困難從她們選擇志業的第一天就開始了,誰來指路?我以為這群曾經打破職場玻璃屋頂的女性,她們可以做為年輕一代的典範 (role model) 及指路明燈,她們經驗豐富的歷史可以透過口述及多媒體呈現,傳承下去。

今天，華人女性口述歷史叢書的第十本《傷痕文學第一人：陳若曦 The First Lady of Scar Literature: Lucy Hsiu-Mei Chen》出版了，希望大家分享我們的喜悅，把此系列叢書介紹給年輕的朋友，協助她們立志，介紹給同輩的朋友，讓她們緬懷，介紹給其他華人女性，讓大家同感驕傲。謝謝！

邱彰

2022年於舊金山

|作者序|
反璞歸真 陳若曦

陳若曦的本名是陳秀美，英文名字是 Lucy。她從初中就開始用陳若曦做筆名了。

小時候她家裡很窮，為了繼續升學，她在外打工，不花家裡一毛錢。從初中獲得作文比賽第一名開始，到她進入台大外文系，和王文興、白先勇、歐陽子等人創辦「現代文學」，她下筆如神，揮灑自如，小小年紀就能以稿費及獎金支持學業及生活，偶而還可以給媽媽買菜錢，令人佩服。

台大畢業後赴美，她於 1964 年得到 John Hopkins 文學碩士學位。

1966 年，丈夫要求她一起到中國去報效所學，沒想到卻把兩人推入了文化大革命的水深火熱。他們歷經六年多的煎熬，看遍各種荒唐殘酷，這些在陳若曦理智而冷靜的筆下，栩栩如生的塑造出「尹縣長」，連經歷過那時代的人看了她的描述，都深感震撼。

後來他們終於被批准離開，夫婦及在中國出生的兩個兒子，一起到了香港、加拿大，1979 年於美國定居。

在採訪她時，我才知道她初中的摯友是瓊瑤，大學時是三毛的偶像，親自接待過張愛玲，與那個時代最出色的作家：陳映真、於梨華、聶華苓、王禎和、白先勇都是莫逆之交。群星灼灼，陳若曦依然笑傲江湖。

1995 年，陳若曦被「1995 年閏八月」書中對中共即將攻台的預測所觸動，趕回台灣，準備與台灣共存亡，從此定居台北。

從「尹縣長」（1977）至「尋找桃花源」（2014），陳若曦關注社會議題，筆耕不懈，其作品被譯為八國文字，並於 2011 年獲得「國家文藝終身成就獎」，實至名歸。

我記錄及撰寫華人女性口述歷史十幾本了，閱人無數，只有陳若曦在審閱我的稿件時，很謙虛的說，她只是在幫我校對。大師就是大師！

| 推薦序 |

「凡事未經語言證實前不為真」
談陳若曦與華人女性歷史

何豪毅（政治線記者）

「你先坐在草地上，離我稍微遠一些，就像這樣。我可從眼角看到你，你什麼都不要說。語言是誤解的根源。但是，每天，你都可以坐得離我稍微近一些……」在經典故事《小王子》裡，狐狸對小王子這樣說道。

語言已經成為人們生活的日常，嬰兒牙牙學語，每天努力學著使用語言做為與人溝通的工具，拉近人們之間的距離的同時，許多人忽略了，語言也成為更多誤解的根源，一如《小王子》中狐狸的睿智。倒不如什麼都不要說，就這樣你看我我看你，每天還可以坐得更近一點。

人們沒注意到的、更多的情況是，在未經由語言落實到人們思考之前，很多明明發生過的事情，在人們的思考裡「不存在」；沒有經過文字語言的「證實」，沒有進入人類集體思考的範疇，許多明白存在地球上的既存事實，就這樣在文明世界裡「缺席」了。

「凡事未經語言證實前不為真」，語言學第一定律如是說。

按照中國海外華僑辦事處統計，全球華人總人口約 15.8 億，占全球人口數逾 21%，若以使用母語為漢語（Mandarin），人口數約 9.2 億，占全球人口數約 12%，兩者均為世界第一多，然而華人與漢語，在全球視野中受重視的程度，未與人數成正比，而女性更是弱勢中的弱勢。

由此觀之，這十年來，本書作者邱彰努力於華人女性歷史的書寫，為人類文明裡這樣一塊空白竭盡心力，其貢獻之巨大，不言可喻。

1950年起開始寫作，作家陳若曦在漢語文學的貢獻，一如邱彰在華人女性歷史書寫所占的份量。富有文學天份，加上筆耕不輟的努力，陳若曦以親歷中國文化大革命，堅守寫實作風撰成《尹縣長》一書，將文革中民國人物遭受苦難化為文字，躍然於紙上，將文革的血淚放進人們思考範疇，餘音繞樑，至今未歇。

陳若曦親身經歷兩岸動盪，見證了228事件、文革肇生的苦難與六四事件，參與營救美麗島軍審受刑人，為西藏文壇交流努力，見過蔣經國、胡耀邦、達賴，透過她的眼光穿透兩岸；她在中國、香港、美國、台灣、西藏等地都有其足跡，尤其與瓊瑤、三毛、張愛玲等文壇要角年輕時的第一手互動，更讓人讀來津津有味。

更難能可貴的是，本書流暢的語句與敘事結構，平鋪直敘卻往往震撼十足，讀來毫不費力，加上眾多珍貴難得的照片，許多原本生硬的歷史能夠滑順無礙躍入眼裡，在腦中留下無數激盪，帶來豐富的閱讀樂趣。

欣聞此書出版，忝為後進，蒙邱彰不棄，邀請寫序，出版前新書能一睹為快。為景仰許久的作家陳若曦口述歷史、聲名崇隆又努力不懈的先進邱彰為文，誠惶誠恐，備感榮幸，特向讀者推薦此書，為女性華人歷史、文革史留蹟，特撰此文以為引介。

| 推薦序 |

豪邁的年代

張國立（作家）

　　一九六〇、七〇年代是台灣文學的文藝復興時代，可以說有跡可循，因為一批大陸精英來到台灣，於戰火的喘息中，完全不考慮生活的現實，全心投入文學，同時本土的精英於承繼日本文學的徬徨時期，忽然面對超過負荷量的英美文學、中國文學潮湧而來，大家忙於吸收，忙於思考，更難以想像地，忙於革命。

　　九五三年紀弦等人創辦《現代詩》主張現代詩，是橫的移植，而非縱的繼承，就已經一腳踹翻傳統，一九六〇年一群台大學生如白先通、王文興、劉紹銘等人創辦《現代文學》，較謙遜地表達「我們感於舊有的藝術形式和風格不足以表現我們作為現代人的藝術情感。所以我們決定試驗，摸索和創造新的藝術形式和風格。」

　　即使文學熱熱鬧鬧地大搞革命，但大環境仍是「反共抗俄」，形式與風格的創新，仍受限於內容的政治考核。

　　陳若曦處於這個大革命時代，參與了《現代文學》的創刊，他們是革命的旗手，誰也想不到一九六六年三月，她隨前夫段世堯舉家遷往大陸，不是考察、體驗，是徹頭徹尾的定居。兩個月後她目睹了另一場革命，毛澤東一手搞起來的文化大革命。

　　所有人無論以關懷或冷眼看著封鎖的中國大陸，陳若曦根本蹲於其中。一九七三年她與家人歷經波折的離開大陸，翌年出版小說集《尹縣長》，台灣

的文青人手一本，不僅為了一探文革的真實情狀，更重要的是為她和陳映真強調的寫實主義傾倒。

文字直接而感人，她的為人似乎亦復如此，一九七九年發生美麗島事件，全台噤若寒蟬之際，她於第二年帶著一封二十七名旅美學者的簽名信回到台灣，交給蔣經國總統，要求重新審視此案。

豪邁的正義，熱誠的良知。

一生不停地帶頭往前衝，她也不時回頭反省，本書裡提到她對小兒子的歉疚：

「現在往回看，為了成立『海外女作家協會』，誤了小兒子的一生，值不值得啊？為了成立大會，我把於梨華等人都拉進來，剛開始所有的事都是我一個在做。現在我常想，我那時不一定要出國，可以用電話催生這個組織啊。」

陳若曦從不粉飾人生，包括她自己的。

近年她住進台北市的大龍老人住宅，這本書她以罕見不耐煩的口氣討論老人福利政策：

「台灣對於老人照顧的政策及法律是遠遠不夠的，譬如養老院的數目就不夠，大龍老人住宅只收健康的老人，年紀要從六十五歲開始，在台北市設籍一年以上。進來之後，如果你跌倒了必須坐輪椅，沒關係，若你是推著輪椅住進來，人很健康，自己能吃飯也沒問題。最近我有一個朋友想進來，我替他問要等多久，辦公室的回答是要等一百八十位走了才行。」

陳若曦的口述歷史展現出有些荒謬卻豪氣萬千的時代，我們都走在其中。

現在的我

　　我現在八十三歲了，有五十肩，五、六年都沒好，叫它八十肩吧！做運動也不會好，還長骨刺，我也有腳底筋膜炎，所以走路一久就走不動了。現在的我就是早上打太極拳，我住的大龍老人住宅旁邊是蘭州國中，我們約有四、五個人一起在國中操場上打太極拳。

與我的記憶合影（陸沙舟 攝影）

　　大龍老人住宅的辦公室很盡責，會替我們安排很多運動節目，像是禮拜一、禮拜三晚上七到八點，有軟式的體操，禮拜四下午有音樂運動操，讓我們生活內容充足。剛開始時，我訂了三餐，後來早餐吃膩就不訂了，再來連中餐也不訂了，我現在只吃晚餐，一個月是兩千八百元新台幣。我們旁邊有大龍夜市，是台灣少數幾個二十四小時營業的夜市，我隨便去買一下菜，就可以吃好幾天。

　　大龍老人公寓每層樓有十二個單人房，兩間雙人房；單人房十坪，裡頭有衛生間、電視、冰箱、洗碗槽，可以自己煮東西吃。雙人房十五坪，有兩張床，我住的是雙人房。

　　台灣對於老人照顧的政策及法律是遠遠不夠的，譬如養老院的數目就不夠，大龍老人住宅只收健康的老人，年紀要從六十五歲開始，在台北市設籍一年以上。進來之後，如果你跌倒了必須坐輪椅，沒關係，若你是推著輪椅住進來，

人很健康，自己能吃飯也沒問題。最近我有一個朋友想進來，我替他問要等多久，辦公室的回答是要等一百八十位走了才行。

我替他一算，九層樓中一至四樓是辦公室，有會議廳之類的房間，五至九樓，每層十四個房間，其中兩間是雙人房，所以全部住滿是七十個人，你要等一百八十個人走，要等到哪一天？所以台灣老人院明顯的不足，而老人卻越來越多。

台灣六十五歲以上的人口有三百八十多萬，居住條件並不理想，對五十五萬失能者和三十萬失智者更是諸多不便。目前約有四十三萬人住在沒有電梯的老公寓，上下樓頗不方便。有人問怎不換房子？談何容易，都更計畫執行起來難上加難，雖然政府也在鼓勵「在地老化」，但若無配套措施，仍流於口號。

「老宅『囚』老人」可是活生生的現象。國際早就公認孤獨是嚴重的致死因子，孤獨的危險如同一天抽十五支煙，失智的機率較常人增加40%，如此「老宅『困』老人」是我們所要的嗎？

在美國，很多老人願意住在家裡，那是他們有辦法，台灣也有很多老人住在家裡，你得請得起傭人來照顧。我覺得住在老人院蠻好的，但如果到了自己不能吃飯的那一天，你就一定要移到安養院。安養院四個人一間，老人家多是躺在床上的，每間都有護士及照護者。

我曾經參觀過王永慶辦的「長庚養生文化村」，他們給我預留了一房一廳，非常漂亮。還有淡水的「潤泰養生村」，也是私立的，他們也歡迎我去，有書房、客廳、臥房。兩者都需六十五歲以上才能入住，全是自費的。

我在大龍老人住宅有一群好朋友，大家自稱「蓋幫」，在一起什麼都講、臭蓋，我們常常約出去玩，上次是去拉拉山，下次不知去哪，然後大家一起吃飯，其樂無窮。

現在單人房租金一個月是一萬九千元，雙人房是兩萬八千元，他們給我優惠，只收兩萬六，加上水電自費，一個月算下來大概要三萬塊錢。

最近我們這裡有人改變主意，打算回美國終老，他已經九十七歲了，太太葬在美國，兩個兒子也在美國，我們不方便說什麼，但我覺得他很想不開。正值新冠肺炎疫期，他先是等候打兩劑疫苗，已超過半年以上，再要等兒子（七十歲出頭了）來接，兒子入台要閉關十四天，回美也類似，實在太折騰，近百歲的人了，怎麼還想不開？

台灣人喜歡談政治，我從未加入國民黨，但對於政治問題我有自己的想法，該介入時我就會介入。別人若問我問題，我一定坦誠相告，台灣現在若有事，能做的我一定會做。

我是基督徒，但我很尊敬別的宗教。我現在看得最多的電視節目就是佛光山電視台的節目，譬如它每天下午四點半有「中華德育故事」的節目，把中國歷史上有名的故事，用卡通演出來，周末下午四點半有歌仔戲、崑曲、豫劇，這些我必看。我從前跟媽媽看歌仔戲，她在那裡看，我則在一邊打瞌睡，醒來時總看到她在流淚，我也不知道剛剛演了什麼。後來到了大一還是大二，我認識一個國學家，他跟我講地方劇曲的意義，我就迷上了，一直到今天還是戲迷。我編過話劇，也自己演男主角。

初三時，我自編自導自演男主角（後排右二）

關於老後

我過去在中國時報寫專欄，寫了二十年，我寫過「安樂死」的主題，談到人在什麼情形下可以拒絕苟延殘喘，浪費醫療資源，所以我主張「安樂死」，但台灣目前的法律准許的是「安寧死」。

政府於 2000 年通過「安寧緩和條例」，允許末期病人有權決定不借重維生醫療，延續生命，以得尊嚴死亡。前提是經過兩個醫生認定病情無救了，放棄氣切、插管、鼻飼等，以藥物讓病人沉睡，無痛地撒手人間。病人必須事先在清醒時親署證件，經兩位證人簽字後寄交健保署，署方先與本人確認後，將此資訊注入健保卡，醫生即可照章行事。

嚴格的說，「安寧死」很合乎人道。消息見報後，我即申辦。如今簽署者有 40 幾萬人，按台灣老人 320 多萬算，比例不高，尚有待努力。「安寧死」在 1996 年就有德、法、匈牙利、瑞士、瑞典、奧地利等十國，基於「晚期病人權利法」而實施。台灣效法後，2017 年韓國也趕上。

相比之下，由病人採取主動的「安樂死」合法化的國家較少，目前有荷蘭、瑞士、比利時、盧森堡及美國的奧列根州、華盛頓州及蒙塔那州。台灣前體育主播傅達人先生的案例，頗具標竿作用。傅達仁於 2017 年第一次去瑞士請求「安樂死」以後，因要趕回台灣參加兒子婚禮，來回花了三百萬，直到 2018 年 6 月 7 日第二次去瑞士以後，才如願辭世。設若台灣已有立法，豈不省錢又省時？

「安樂死」的概念起源早矣。古希臘哲人畢達安格斯即認為，在道義上為老人及虛弱者實施自願的「安樂死」是合理的。當然爭議不曾斷過，任何宗教都以神掌握生命為要義，加上中國傳統的孝道倫理，也不容許致老弱病殘於死地。

另外，植物人沒有表達能力，一切靠家屬。上世紀末，曾有一位植物人，兩個以上的醫生都表示可以考慮拔管了，但家屬不肯，拖了八年才自然斷氣。

何以故？因為病人是軍人身分，住院醫療都免費，子女乾領他的退休金，何樂而不為呢？然而，這是病人的願望嗎？

我也決定走後不用棺木，台灣土地這麼小，隨便經過哪條公路都會看到「夜總會」（墓地），除了煞風景，還有什麼意義呢？要紀念有更簡單的方式，所以我提倡樹葬、水葬、花葬，反正最後都是燒成灰。我嫂嫂把家人的骨灰都放在一個塔裡，大家定期去祭拜，我連那個儀式都不要，我最近跟子女講，就把我送到殯儀館讓他們燒成灰，隨意處理就好，我什麼都不要留於天地之間。

我有一些資金、一些股票以及一些基金，我在遺囑裡說明把這些捐給兩個團體，一個是環保團體「荒野保護協會」，另一個是婦女團體「晚晴婦女協會」。我跟富邦銀行約定，先匯五十萬元過去給他們推行活動，然後我每個月自動從帳戶裡領出兩萬元，捐給荒野保護協會及晚晴協會，身後再把財產由他們兩家平分。

我以前做過晚晴協會的志工，每個禮拜六下午兩點坐在協會裡，有一些婦女就會來問問題，哭哭啼啼，她們或被先生虐待、或被婆婆虐待，有些則是兒女不聽話，我都盡可能給他們勸告。至於環保團體的活動，我以前也會參加，像是為了保護海岸去沙灘撿垃圾等等，我現在年紀大了無法參加，所以我把一半遺產留給他們，讓他們繼續做好事。

最近我捐了五十萬元給北一女，他們要修復百年的光復樓；捐二十萬給台大，十萬元給河南鄭州的水災災戶。

1995年晚晴協會終身義工合影,中為施寄青會長,我在右一

1999年　荒野保護協會的親子活動

我的幼年

　　我的出身在大陸算是好的，因為父親家裡三代是木匠，我的堂哥也是木匠，我母親這一邊則是佃農。我從沒見過我外祖父，他去世的很早，他租了別人家的地來種菜，然後去賣菜。我的外祖母、舅舅也都是務農的，還有一個舅舅被日本人拉去當兵，到南洋後就沒有回來，死在哪裡都不知道。

　　我媽媽是童養媳，那個年代窮人家會把女孩早早的賣掉，有錢人家則是買一個回來養。媽媽小時候來我父親家當丫頭，大了就跟他結婚，我媽媽跟爸爸的感情還可以，但她走得很早，才四十九歲。她曾經跟我說，「外省女人穿旗袍很好看。」我那時在心底發願，將來賺到錢要給她買件旗袍，但後來我到美國讀書，又轉到中國，然後碰到文革，還沒回到台灣，她就走了，所以我永遠欠媽媽一件旗袍。

　　媽媽是乳癌走的，我在八年前也得了乳癌，在台灣做過手術，吃藥吃了五、六年，領了一張「重病卡」，後來被通知說卡到期了，醫生說不吃藥也可以，我就不吃了。

　　我很感謝我爸爸，是他讓我讀書的，我是我們家幾代以來第一個讀書的，因為我的帶動，我的弟妹也都讀書了。

　　我小學唸信安國小，小學四年級時班上來了一個外省的年輕女教師，雖然她只教一學期，可是她對我的印象很深。到了小學六年級下學期，很多人都準備要考中學，我因為家裡窮，沒想要繼續唸中學。老師有天在校園裡碰到我，「陳秀美，你是不是要忙著考中學啊？你的第一志願是什麼？」我說：「老師，我不考。」「為什麼？」我說：「我哥哥考初中沒有考取，就去做工了，所以我不考。」「那有什麼關係？來，我去找你爸爸講。」下課後她就把我抓回家，那天我爸爸剛好提早回來，他們一個不會講台語，一個不懂國語，雞同鴨講，就用手比。

爸爸和媽媽

1952年姨媽（左）母親（中）我（右）

北一女的陳若曦，那時叫陳秀美

我老師比著我的額頭對他說，「你女兒很聰明，不讀書很可惜。」我爸爸聽懂了，就用台語回答：「她有本領就自己去讀啊，我不會管她。」所以我就去考試，考上一女中，這樣一直讀上來。我很自覺，盡量不用家裡的錢，我想辦法打工讀書，所以我在大學時做了三個家教，每天晚上教，禮拜天下午也教。賺錢多的時候，還給媽媽買菜錢。

我大哥後來一直在做工，現在八十八歲了。我也輔導弟妹唸書，我說，「你們通通去唸書，將來才會有前途。」我設計兩個妹妹讀師專，弟弟讀工專，都有一技之長，感謝他們都聽我的話。

大學時代

　　我那一屆台大外文系考進去的只有三十幾個人，後來有很多人轉系轉進來，畢業時我們班上竟然有一百五十幾個人。我和丈夫段世堯是台大外文系的同學，不過我在外文系時並不知道他。

　　我在外文系時除了上課，就是天天做家教，我從高中時就不拿家裡的錢了，自己自費唸書。大學時我做了三個家教，每天晚上、禮拜天下午，我都在做家教。

　　除此之外，我還忙著跟白先勇、王文興、歐陽子創辦「現代文學」。我負責申請手續，也和白先勇一起負責小說部分的審稿，王文興負責散文，戴成義負責詩歌，我的大學同學洪智惠負責會計，她的筆名叫歐陽子，是我幫她取的，我的筆名陳若曦則是很早就有了。

　　為什麼我們會辦「現代文學」？一是因為我們有位老師叫夏濟安。1956-1959 年間，夏濟安辦了「文學雜誌」。我大一的時候，國文老師要我們寫一篇文章，字數不拘，我就寫了一個類似小說的故事，結果文章發下來時，全班只有我沒有拿到，老師說，「你的文章我交給夏濟安老師登在『文學雜誌』了！」為此，我拿到千字四十塊錢的稿費，比家教好賺！那時我做家教，教一個學生一個月才一百二。下學期老師又要我們寫一篇作文，我又有賺錢的機會了，我就寫了字數更長的中篇小說，叫「欽之舅舅」，那篇作文也沒發回給我，老師說，「交給濟安老師了。」我樂於賺稿費，從此就走上寫作之途。

　　「現代文學」深受「文學雜誌」的影響，說它繼承「文學雜誌」也不為過，我們的主旨是從介紹西方文學開始，從而探索、試驗和創造台灣自己新的藝術及文學形式。1960 年，「現代文學雜誌社」成立，共發行了 51 期，於 1984 年休刊。

大二時與要好同學合照於傅園（右一：我，右二：歐陽子）

攝於台大，時辦現代文學（左一：我，左二：歐陽子，右二：白先勇）

憶瓊瑤

瓊瑤是我在初二時留級到我們班上來的，因為她數學不及格。記得她長得矮矮的，臉白白的，坐在第一排的中間，我坐第二排的中間，相隔近，就比較有話說。

她的真名叫陳喆，你一聽到這個「喆」，就知道她爸爸一定是國文教授。她的父母對她非常疼愛，她從小就有文藝腔調。

她幫過我一個大忙 -- 我因為家裏窮，是想盡辦法唸書的。有一次我去參加一個中學生雜誌的作文比賽，我覺得我的字不好看，她就幫我抄，抄完了還替我取了一個筆名叫陳儒，那次我得了第一名，獎金是十塊錢。當那篇文章登出來以後，我發現那個雜誌把我的「儒」字變成「繻」，我說這是什麼字啊，她說：「我爸爸幫你查過，是一種布料，可以做尿布啦！」

她很驕縱，爸爸媽媽一罵她，她就會跑掉，她會跑到我家來，手裡拿著一瓶藥說：「陳秀美，我不想活了。」她說：「你是我最好的朋友，我來跟你告別了。」唉唷，我嚇一跳，趕緊陪著她走路，慢慢走、慢慢講，我家在永康街，她家在青田街，我們住的很近。

等我們走上了潮州街那條橋，在橋上我就趁著她不注意，啪，把那瓶毒藥丟到水裡去了，她自殺不成，我就陪她回家了。我本以為她媽媽會大驚小怪，結果不是，她說：「唉唷，鳳凰（瓊瑤的小名）就是會鬧，死不了的。」

隔了沒多久，陳喆又鬧一次，這一次我不怕了，穩穩的把毒藥打到河裡去。她高中考到北二女，到了北二女之後鬧了很大的事件，她跟國文老師談戀愛。其實這是跟她媽媽學的。

瓊瑤講過她爸媽的戀愛故事。她說，她爸爸為了賺錢，唸大學時在中學裡兼課，她媽媽是個矮個子，所以坐在第一排的中間，跟兼課老師看對眼了，師

生開始互寫情書，老師把寫的紙條彈到她桌子上打開的抽屜裡。

歷史果然重演了！現在輪到陳喆跟一位蔣老師鬧戀愛，陳喆把她自己的戀愛故事寫到日記裡，結果日記被她媽媽騙到手，一下子就告到學校去了，害得那個男老師被辭退。我幫陳喆辯護，我說：「陳伯母，這是愛情啊。」她媽說：「這哪是愛情？這是鳳凰小說看太多啦，不食人間煙火，把人生戲劇化啦。」

蔣老師離職後住到南部去了。這件事發生的時候，我才上初中。高中畢業旅行時，在南部看過他一次；他一個人在街上落寞的走著，我不敢招呼他。

陳喆沒考上大學，就不想唸書了，她媽媽覺得這不像話，想把她早一點嫁出去，所以她們家忽然有很多男人來串門子，陳喆有時會請我去作陪。後來她嫁給台大高我三屆的同學，叫做馬森慶。我在她家總共認識了兩位作家，一位是水晶，一位就是馬森慶，他們結婚時我還做總招待呢。他們後來住在高雄，我去高雄時，去過她家一次，馬森慶那時在高雄煉油廠工作。

後來陳喆把她跟蔣老師的故事，用瓊瑤做筆名，寫成小說「窗外」，一下子就聞名天下了。

1962年我從台灣到美國唸書，1966年我跟先生「投奔匪區」，事隔20年，我再回到台灣來住，跟瓊瑤聯絡上了，但事過境遷，我們兩個人的感情就沒有以前好了。記得她跟馬森慶生了小孩，跟平鑫濤應該沒有，現在我們已經很久沒有再聯絡了。

憶三毛

三毛在我大學時寫信給我，她說非常喜歡我在「現代文學」上的小說，當時她人在花蓮，正和白先勇的好友顧復生學畫，我們就開始通信了。

我第一次看到三毛時，她正在對著鏡子畫自己。我去過她家兩三次，他爸

爸是位律師，他在後院蓋個小房間，三毛常常單獨住在裡面。她是個非常聰明、非常有腦筋的小孩，我在臺大唸書時做家教，她家跟我做家教的地方很近，所以我們偶而會見面。後來我以三毛為原型，寫了一篇小說「喬琪」。

　　她出國後，我們也有來往，我有一次去歐洲，去過她家，記得是在西班牙加那利群島 Islas Canarias 中的「丹娜麗芙」，要坐船才能到。

貴人麥卡錫

我在台大時，殷琪的母親殷張蘭熙常常教我們英文，地點是在台大對面的真理堂，有一次殷張蘭熙把我介紹給美國新聞處 USIS 在台處長麥加錫 Richard McCarthy，麥加錫問我，「你要不要試著寫英文小說？」我寫的第一本英文書是「Spirit Calling: Tales About Taiwan」，在麥加錫指導下於 1962 年出版。

大學畢業後我進入職場，又碰到麥加錫，他問：「你想到美國去唸書嗎？」我說：「我沒有錢，為了唸台大，我得靠打工賺學費，很辛苦的。」他就幫我在美軍顧問團裡找到一份收發信件的小職員工作。後來他又說：「Lucy，你這樣做沒有意思，你應該再唸書。」我說，「我沒錢唸出國唸書，我好不容易才大學畢業。」他說：「沒關係，美國獎學金很多，不要怕。我給你寫推薦信，你就去申請吧。」

麥加錫給我寫的介紹信，連我自己看了都感動不已，我想任何人看了這封介紹信都會被感動的，結果我申請的每間大學都錄取我，包括西雅圖大學、愛荷華大學，還有東部的曼荷蓮學院 Mount Holyoke College，他們也都給我全額獎學金。

麥加錫建議我去讀愛荷華大學的寫作中心，他說我在那裡會有很多寫作機會，他認識愛荷華大學寫作中心的安格爾教授，「你去那，可以用一篇小說作為你的碩士論文。」所以我就申請了，對方也給了我獎學金。

憶張愛玲

我在「七十自述 -- 堅持無悔」一書裡寫到了張愛玲，我有緣分跟她同褥而眠，也是因為麥加錫。麥加錫跟殷張蘭熙很熟，1961 年麥加錫告訴殷張蘭熙，「有一位女作家要來台灣，請你找人去陪她。」女作家就是張愛玲，我被找去陪她。

Richard McCarthy

5010.15 念紀留小姐花籃 張愛玲

張愛玲說她想認識台灣的作家,或是看看台灣比較特殊的地方,我說,「好啊,我正好認識兩個作家:王禎和與鄭恆雄,住在花東那一帶。」所以我和殷張蘭熙就帶她去花蓮。

張愛玲給我第一眼的印象是:她長得跟照片上差不多,很瘦。她講話聲音慢慢的、溫文爾雅、有超乎年齡的年輕,和我愛笑就笑的爽快典型完全不一樣。

張愛玲長得不高,是位很普通、很典型的中國女人,她常常穿著旗袍,當然也穿其他樣式的衣服,但就是跟我們穿的不一樣,是非常中式的那種。

張愛玲對有興趣的東西會仔細的去觀察,譬如她看到廟的牆,就會用手去摸、湊近去觀看,這一點我覺得很特別,怎麼會有人對牆有興趣,還去摸呢?後來我們去參加一個阿美族的豐年祭,被邀請坐在台上。當歌舞進行到一半時,她突然一個人跑下去,站在操場的邊上看。所以她對自己有興趣的,就會立刻去研究,對她來說,沒有什麼禮貌不禮貌的問題。

我們當時住王禎和家,王禎和對張愛玲很欽佩。當時我、她、殷張蘭熙,我們三個一起睡在一個和式的房間裡。王禎和後來接受採訪,也提到張愛玲觀察入微的這點,他說:「我帶她遊花蓮市,在街上逛,後來走到陋巷裡,碰到妓女戶小姐在店裡跳曼波,她覺得好有趣。於是,第二天在我四舅父的安排下,引她一遊「大觀園」(一家甲級妓女戶的名稱)。她看妓女,妓女坐在嫖客腿上看她,互相觀察,各有所得,一片歡喜。她的裝扮,簡宜輕便,可是在一九六一年的花蓮,算得上時髦,又聽說她是美國來的,妓女對她比對嫖客有興趣。」(出自丘彥明『人情之美』)

張愛玲對文壇的影響很大,不過我看過她寫的關於她後母的文章,和她後母寫關於她的文章,雙方都互相不敢恭維,哈哈哈。

憶「紅包」

當時我有一個哈佛大學的男朋友，我叫他「紅包」，他母親跟我介紹了曼荷蓮學院 Mount Holyoke College，所以 1962 年我就先去 Mount Holyoke College 唸了一年。

Mount Holyoke 在美國東岸，是七大名女校 Seven Sisters 之一，這七大名校是：Smith college, Mount Holyoke College, Vassar College, Wellesley College, Bryn Mawr College, Barnard College，我孫女現在就讀 Byrn Mawr College，是個貴族女校。

後來男友告訴我，他當初來台灣留學時，他的女朋友同時也獲得了瑞士基金會的贊助，到菲律賓去留學，女的就跟他說，「分手吧！」他就和我成為男女朋友。

後來他回美國了，我去東岸時住在他家，有一天出來散步，他說，「Lucy 我要告訴你真話，我的女朋友最近來信，我們想要重新開始。」所以我們就友好的分手，我也就不再就讀曼荷蓮學院了。

文壇奇人夏志清

夏志清的哥哥是我的老師夏濟安，我們都很喜歡夏濟安老師，但他在台大只教一學期就跑到美國去了。我到美國之後，常聽人談起他們兄弟兩的大名，所以我一到紐約就去看夏志清，是女作家叢甦帶我去的。

夏志清第一次看到我，就請我和叢甦去遊紐約河。在船上時，他坐在我旁邊擠我，然後拉住我的手，在我耳邊講，「I love you！」我當時想，「有沒有搞錯啊？」只好裝聽不懂。第一次他就是這個樣子，以後也一直沒斷過，他也常常對不少人表示多情。但我很重視他的友誼，他給我寫的信都是好長好長，仔仔細細、密密麻麻的，兩面都寫，我很後悔沒有把那些信留下來，那不也是種文物保存嗎？

夏志清（左）夏濟安

他那時已經有太太了，第一任太太是白人，夏志清很花心，後來他們離婚了。然後他跟一位姓邱的小姐談戀愛了，那個姓邱的居然在等著他離婚，那是絕對不可能的，夏志清後來向我求助，我就勸邱小姐：「夏志清是絕不會離婚的，他是一流的情人，三流的丈夫，你死了這條心吧。」結果她恨我恨得要死，他們後來當然沒有結果，邱小姐就另外嫁人了。

　　他在第一次婚姻中就跟王洞好，王洞還特地從北部遷到紐約來，他們兩個就結婚了。在他跟我說 I love you 的時候，他跟美國太太還有婚姻，他知道我是不會嫁給他的，因為我明確的表態，「你就算離婚了，我也不會嫁給你。」

　　夏志清長得不好看，但因為有名氣，花名在外。他的第二任太太王洞對我的誤會一直很深，我也沒有機會跟她解釋。夏志清過世之後，朋友為他辦了一次「夏志清研討會」，我沒參加，據說他太太發言了，還趁機批評我幾句。如果她是一個識大體的人，就應該感謝陳若曦沒有鼓勵夏志清離婚。

　　夏志清在文壇的地位要等專家來評論，我沒有資格評論，不過他確實對文學了解蠻深的，還認識非常多的作家，熟悉很多華文作品。他的哥哥夏濟安也是跟美國人戀愛，可惜最後沒有成功。

第一次婚姻的旋轉門

1963 年,我決定去約翰斯霍普金斯大學 Johns Hopkins University,Center for Chinese Studies 唸書,我在那裡以一篇長篇小說獲得碩士學位。

剛入學的時候,有位外國學生指導員 Foreign Students Advisor 跟我說:「新進來的學生一定要了解一下我們 Johns Hopkins 大學,我找一個同學帶領你四處去看看。」那個同學導遊就是段世堯,他帶我繞了整個學校一周,我們就開始交往,然後就結婚了。

我 1997 年去了一趟美國,跟段世堯友好分手。我之所以決定分手,是因為我要在台灣退休,而他不願意。之前我跟他投奔大陸,受盡七年文化大革命的折磨,離開中國後,我們先是去了香港,1974 年我們移民加拿大,1979 年,我應聘柏克萊大學 UC Berkeley, Center for Chinese Studies,我們移居美國。

1994 年,我看到一本書--「一九九五閏八月」,作者引經據典的說 1995 年兩岸會打起來,我立刻跟我先生商量,「我一定要趕回台灣,死也要跟台灣在一起,我不要死在美國。」雖然我並不支持台獨。

所以我在 1995 年就趕回台灣了。我先生曾經來過台灣兩次,他是外省人,他的家人跟他說:「你千萬不要回台灣住,台灣要搞台獨,到時候外省人都會被丟到海裡去。」我問他:「你會相信嗎?」他說:「住在中國的那七年已經夠了,中國的事我不管了。」

我就說:「好!那我們就友好分手吧,三棟房子都讓給你。」他說:「你留一棟,在這裡出租啊。」我說:「我隔海收房租?算了,算了,通通給你。你在那家公司的退休金已經累積到二十三萬美金了,你就把二十三萬美金給我好了。」他說:「那怎麼夠,你留一棟吧。」我堅決不要,後來他也不肯離婚,因為我們不是感情不好,只是各人對老後的規劃不一樣。

1964年與段世堯結婚

我大兒子是律師，我就託他辦理我們的離婚，後來我又提出一個條件：「你要趕快找個老伴陪你，在你沒有找到之前，我每年回來陪你旅行一個月。」因為那時常常有人邀我到美國演講，但他還是不答應離婚，我兒子說：「爸爸，全美國都沒有這麼好的離婚條件耶，三棟房子都給你，而她只拿走你退休金二十三萬。」後來他就勉強簽字了。

　　四月簽字離婚，到了八、九月我要去美國，路過加拿大紐芬蘭。我有個妹妹嫁給印尼僑生，那個僑生在台灣的大學畢業以後，申請到加拿大紐芬蘭Newfoundland做事，我妹妹從師大畢業以後，教了一年書，就飛到紐芬蘭結婚。我帶著我先生去紐芬蘭，一路到處玩，再回到美國。回來之後我在芝加哥有一場演講，我演講時發現台下沒有我先生，我就知道他心情不對了。晚上我們回柏克萊，他說：「今天晚上住在家裡吧，明天你就要回台灣。」我跟他說，離婚就是離婚，我要住到我大兒子家。

　　我回來是八月，大概十月他就來電話，「Lucy，你再回來美國一趟好不好？」我說：「抱歉啦，我現在要教書，明年再講吧。」後來他也沒講什麼就掛斷了。

　　第二年春天，我的小兒子寫email來，「媽，爸爸要我告訴你，有人一直勸他跟一個女的結婚，他現在決定要結婚了。」我馬上給我先生寫信：「祝福你老年有老伴，祝你快樂、幸福、美滿。」這就是我跟他最後的聯絡了。我想我們的離婚跟愛不愛沒有關係，是因為我想回台灣，而他不肯。

回歸祖國

當初段世堯問我：「我們能到中國大陸去嗎？那是個社會主義的國家，我想去。」我就趕快去研究社會主義是什麼，我到大學圖書館借了一本《馬克斯思想》，讀了猛打瞌睡，後來學校說：「你的書已經借滿兩個禮拜了，請來辦續借。」我才發現自己只讀到第四十七頁。馬克斯很不好讀，我就改唸《毛澤東選集》，發現他寫的很好，讀了之後很感動，所以我就同意去大陸了。

我們是在1966年文化大革命剛開始時去中國的，1972才出來，我們歷經了文化大革命如火如荼的七年。

1966年10月16日，我們的飛機到了上海虹橋機場，機場很空曠，只停了一架飛機，不見任何人影。等飛機停妥，我們才看到機場大樓前站了一排綠衣紅帽的工作人員，個個膀子纏了紅袖章，一手持本紅小書「毛主席語錄」，正朝我們揮舞著表示歡迎。老段很感動，當即決定：「這是我新生活的開始，我要把這一天作為生日！」沒想到海關人員在驗證件時，聽到他解釋的因由，竟然點頭放行。世堯高興的臉上開了花，側頭向我微笑表示，「祖國真是通情達理呀！」

接著檢查行李，麻煩就來了。所有我們在歐美圖書館買的畫冊，有全裸或半裸的人像被關員翻完後，只見他神色不屑的闔上書，「腐朽的資產階級意識！」全數被沒收。我從小喜愛集郵，把所有珍貴的郵票，合成一本隨身攜帶，海關官員還是說，「資產階級玩意兒，不行！」

世堯婚後學照相，洗出照片後，又做成上千張幻燈片，裝了十幾盒。關員如臨大敵，一張一張看，看了四個小時之後，我們忍無可忍，老段忍不住落淚，後來就泣不成聲了，我們這才被放行。以後又碰了幾個釘子，我終於慢慢醒悟了，原來我們是到了一個價值觀迥然不同的國度。

次日，我們船遊黃浦江的精華地帶，一路上聽接待人員不停的做新舊對比，「『華人與狗不能入內』的外灘公園，如今人民當家作主。」他說，「你們來晚了兩個月，沒能趕上八月底『紅衛兵』上街『破四舊』的革命行動，那可是勢如長虹，氣吞山河啊！」

街上最醒目的就是這些佩戴紅袖章的青少年，他們意氣風發，公認是六月剛上路的「社會主義文化大革命」簡稱「文革」的先鋒。

既然文革源自北京，我們景仰心切，不願在上海多留，兩天後就上北京，住進了王府井的華僑大廈5樓15號房。王府井還有洋人蓋的協和醫院和只准外國人光顧的友誼商店。中國人進不了友誼商店，但不少人卻愛來門口逛逛，娛樂缺乏的年代，瞧瞧外國人也是消遣。

我們跑得最起勁的是西郊的學院區，像北京大學、清華大學、北京師範大學、北京航空學院和地質學院等。這些學校原本門禁深嚴，如今全被來自全國各地的「革命小將」沖垮了防線，閒雜人士也趁機混入。校內醒目地段都豎起長排的閱報欄，有時才看到一半，即被墨跡未乾的新大字報蓋上，立即吸引了新一批讀者，人們邊看邊議論，熱鬧有如大雜院。

老毛為了奪權搞文革

幾個月看下來，我漸漸對毛澤東發動文革的起因有些眉目了。紅衛兵是即興產物，因為文革志在奪權，顯然是毛澤東多年精心布局的結果。

到北京不久我就發現自己懷孕了，滿懷憧憬的為孩子取了段煉的姓名。北京到處是政治標語，「鍛鍊身體，保衛祖國」即是其一。那時不但街道和建築改名，許多人也紛紛換了響亮的名字，如長江、黃河、紅心、愛國等等。在王府井大街上，你若喊一聲「衛東」，保證有人回頭答應。

隨著腰圍增大，我的心卻沉重起來，街上隨處可見的毛語錄「千萬不要忘記階級鬥爭」，看得人心驚膽跳。毛澤東用階級、出生，把中國人劃分為無產階級的「紅色貴族」和資產階級的黑五類「賤民」，不但世襲，還彼此對立。他的名言是「階級鬥爭，一抓就靈」，舉凡擺不平的事，只要用階級推論，立刻黑白分明。

我雖出身工農家庭，但接受「美國帝國主義」教育，顯然變成「資產階級知識分子」，這「賤民」的身分，將來要傳給子女，怎麼對得起他們呢？華僑大廈有一位回國的留學生說，他兒子因為當不成紅衛兵，竟然指著他鼻子吼叫：「都是你害了我！哪一個國家不好留學去，偏偏要找上美國帝國主義！」

我從文革學到的第一件事，就是領悟到政治運作的血腥暴力，尤其它源自馬克思主義的階級鬥爭理論，後者實為邪惡之源。

早在66年11月毛澤東最後一次接見紅衛兵時，我就見到北京街頭出現配著「赤衛隊」袖章的上海工人，應該算是最早到首都串聯的工人造反派。當時毛澤東隨便一句話，都有立竿見影的效果。他說，「工人階級領導一切」，廣大工人自是興奮無比，於是「捨我其誰」的衝鋒陷陣，為了權力連性命在所不惜。

鼓勵工人的結果是，中央文革呼籲學生回校鬧革命，工人卻取而代之，在北京越聚越多，很快就出現王洪文領導的「上海工總司」，一成立就聲振全國。毛澤東還給他發了賀電，從此獨佔造反派鰲頭，成為走紅文革10年的唯一組織，王洪文後來成為四人幫的成員。

紅衛兵造反對社會的破壞若以「皮破肉綻」作比，那工人造反可就是「骨裂筋斷」，差別有如霄壤。在中央支持下，工總司糾合紅衛兵，打垮了赤衛隊，改組了上海市政府，改名「上海市革委會」，中央文革譽其為：「革命幹部、革命軍人和群眾代表『三合一』組成的紅色政權。」並號召全國各地跟進。

全國性的造反、奪權、反奪權…整整鬧了兩年以上，人命和財產損失之鉅，

「罄竹難書」四字都難以概括。四十年後的估計是，約有 420 萬人受過關押，173 萬人死於非命。

我最難理解的是看到報刊公開點名批判劉少奇，定為「中國的赫魯雪夫」和「黨內最大的走資派」，罪名是「叛徒」、「內奸」加「工賊」，任何一項指控都可人頭落地，何況三罪齊下！然而包括大小字報在內的連篇累牘醜化文字，都沒有提出什麼有力的證據來。六九年他死於開封某監獄，身上除了一床破棉被，別無他物，結局之淒涼，相信他死不瞑目吧！

政治恐懼是點點滴滴、累積起來的。當權者經常以殺雞儆猴、舉一反三方式，塑造人人自危，以致小事變大事的惡性循環。我們看到大字報說，紅衛兵揪鬥劉少奇夫人王光美，她事先把一些珠寶丟入馬桶，被控企圖湮滅證據云云。我正為隨身帶來的一批生活照片發愁，因為依文革的標準，這些都是資產階級的玩意兒，是四舊，怎麼處理呢？這下好了，我效法王光美，把照片撕碎後丟入馬桶沖掉吧，結果造成馬桶淤塞，不得不請服務員處理，不料他們通報領導，找個工人來拆馬桶，清出來的碎片小心翼翼地用紙袋封好，上交大廈領導，儼然處理「罪證」一般，我們的狼狽和窘態就不在話下了。

長子段煉出生

進入 7 月，北京熱的像火爐，我挺著大肚子行動不方便，很怕把孩子生在旅館裡。經過一陣子折騰，我們決定同意被調南京，我們很快的收拾妥當，就等著幹部局送我們上火車。

偏偏 7 月 20 日傳來「武漢兵變」的消息，那天晚上街上喊聲衝天，示威的人潮如流水，一波波從我們窗外湧過，接著兩天都是遊行隊伍，經過這一轉折，我們去不了南京，8 月底，我在北京婦產醫院產生下段煉。

生段煉時，我在醫院待產室等候，陣痛時喊了一聲，立刻被護士奶奶大聲

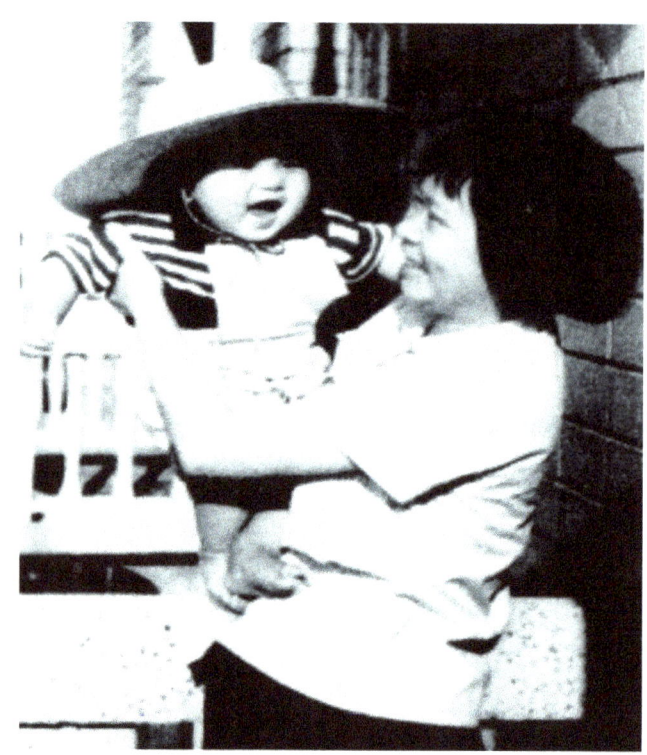

長子段煉在北京出生

教訓,「叫什麼痛呀?大便都得費力,生孩子哪能不痛?叫有什麼用?」知識分子貴自知,我當下強忍著痛,只敢吐氣,不敢出聲。誰知不出聲,人家就不理你,眼看一個接一個被抬上產床,我卻沒人理睬。後來下體出血了,我招呼護士,不料她忙著進出產房,竟無暇停下來檢查。中午產房安靜了,醫護人員拿起飯碗,紛紛奔赴食堂,有位醫生走過我身邊,好心問,「怎麼樣了?」我趕緊報告,「流很多血了!」她急忙俯身檢查,隨即回頭大叫,「快,快,產門開六指了!」幾個人把我推向產床時,醫生罵我,「你痛了,為什麼不叫?拿自己和孩子的生命開玩笑呀!」我欲哭無淚,只有悶聲不響,因為忍痛耗盡力氣,我竟使不上勁。醫生就在我耳朵上扎什麼「梅花針」,護士們就在一旁吶喊助陣,忙亂了一番,孩子終於出世。

這年11月,中央宣布「全國山河一片紅」,即29個省、直轄市及自治區,都成立革委會,並由郵局發行八分錢一枚的紀念郵票。我一向偏愛紅色,那陣子卻覺得紅色特別刺眼,因為紅色多到令人喘不過氣來。北京的牆壁不可留白,若無標語口號和毛澤東主席像,就得塗成紅色,處處見紅才行,號稱「紅海洋」。

進入華水教書

69年3月初,幹部局突然通知我們有工作單位了,送我們搭火車到南京,接火車的人一直把我們送到華東水利學院,簡稱「華水」,90年代改名河海大學。南京校領導通知我們,夫妻一同被分配在力學系,世堯是水力學教研組,工資每月 $72,我是外語教研組,工資64元。

那時學校還屬於停課鬧革命中,學生經過「上山下鄉」已走掉大半,教員則是每天朝九晚五的在辦公室「學習」。大家在中午可以休息兩小時半,夏天則長達3小時,保證大家有時間睡午覺。

辦公室一律掛著毛澤東和林彪的照片,學習前大家先做「早請示」,全體起立先向毛主席像高呼,「毛主席萬歲,萬歲,萬萬歲!」接著向林彪像高呼,

1971年年華東水利學院校園

「林副主席健康，健康，永遠健康！」據說林彪因身經百戰，渾身是傷，長年靠嗎啡止痛，最渴望的就是健康。

祝壽口號之後跳「忠字舞」，不知哪一位愛拍馬屁的人發明了按革命歌曲跳舞的，都是一些雙手高舉、雙腳隨之蹬地的大動作。

一打三反運動

一打三反運動

舞蹈之後是結合當天工作的需要，朗讀幾條毛主席語錄，最後通常是一句，「下定決心，不怕犧牲，排除萬難，爭取勝利」之後才進入學習階段。

下班前則進行「晚匯報」，內容和「早請示」雷同。我行禮如儀了兩天，回家對世堯表示好奇：「毛主席知不知道他被人當上帝崇拜，每天做早禱和晚禱？」他趕緊警告我，「快別說了！小心人家誤會你不愛毛主席！」那年頭不愛毛主席，就是反毛主席，也就是反革命，下場不堪設想。

在河海大學時，有天我走路時看到前面有兩位女老師在聊天，我就快步跟上，想跟他們聊天，靠近時聽到她們在講我，一位說，「那個小陳出身真的是很好耶。」另一位說：「怎樣好？」她回答：「工農出身。」結果另一人回答：「台灣還沒有解放，你聽她掰吧。」我一聽心裡都涼了。

任何學習，人人必須表達自己的意見，也都有人做記錄，正因為要留紀錄，積極分子都慷慨陳詞，可以毫無內容的說上半小時，練就了一副舌燦蓮花的本事。很多人都說，中國大陸人個個能言善道，相信就是搞運動練出來的。

剛搬進宿舍沒多久，有一天黃昏，宿舍響起喇叭，要員工立即到學校開會。我們放下飯碗，留孩子一人在家，趕緊往學校跑。去了才知是發佈毛主席最新的「**深挖洞，廣積糧，不稱霸**」九字批示。基於「傳達毛主席指示不過夜」的精神，師生員工立即組成隊伍出發，沿街敲鑼打鼓兼呼口號，熱鬧了個把小時才解散。

知識分子已把勞動改革視為宿命了，因而毫無怨懟之意，人們共同的心聲是：「勞動不怕，就怕運動。」

老百姓怕運動，偏偏運動接二連三而來。「清隊」還在掃尾，六九年剛過，中共中央就發出「關於打擊反革命破壞活動的指示」，二月又發出「關於反對貪污盜竊、投機倒把的通知」和「關於反對鋪張浪費的通知」，在全國開展「一打三反運動」。

「一打三反」由周恩來主導，大規模殺戮思想犯、言論犯，可以抓拿現行犯，就連一度響叮噹的造反派都心驚膽跳，擔心被對手打擊報復。一如既往的政治運動，它也在左傾思想下進行，再度製造了大量的冤假錯案以及罄竹難書的人間悲劇，據統計被殺人數在十萬以上。

事後我聽說，在揚州短短幾天，華水就出現了「海陸空」三個尋死的教員。他們包括體育教師投瘦西湖自殺，物理教師吊死於湖邊古亭，而工程畫教師死於床上。中共最恨人民自殺，視為以死來威脅黨和人民，以死來對抗文革，因此無罪也變有罪，有罪則「罪加一等」，校方當下不分青紅皂白就把三人打為「自絕於人民的階級敵人」。

世堯曾經出過一次事，我跟他說，「以後不管發生什麼事，你千萬不能自殺，那可要禍延妻兒的。」世堯拍胸脯保證，「你放心，真要自殺，我會製造因公犧牲的效果，你們就能領撫恤金，孩子也可以上學了。」我當笑話打發過去，但也為世堯的深思熟慮而暗自嘆息。中國是個連死都沒有自由的地方，我很後悔在這裡生孩子，連養育他們都要擔驚受怕。

除了感慨中國人命不值錢，也為知識分子臉皮薄、抗壓力低而唏噓不已。我甚至有個結論：在共產黨統治下臉皮厚、心如死水才活得下去。

八億人民八部戲

文革期間所有電影都被打成「資產階級產物」，只有三部電影允許放映，即「地道戰」、「地雷戰」和「南征北戰」，統稱「老三戰」，各機關部門翻來覆去的放映它們，結果大人小孩都能倒背台詞如流。我第一次看「地道戰」時，發現孩子們都在台下搶先男女主角講話，內容一字不差，原來看過十次以上了。

1967年，江青大力提倡「紅燈記」、「沙家濱」、「白毛女」等八部樣板戲。文化部為了拍她馬屁，下令全國高校都要演唱樣板戲，華水立刻安排教音樂的

教員，讓員工每天練唱，並擇期舉行比賽。我五音不全，要求免唱戲，卻沒人敢批准，硬是被指定唱「沙家兵」的沙奶奶，同大伙苦練了個把月，上台表演時過分緊張，開口沒唱完一句，台下已哄然大笑，據說荒腔走板得離譜。

雖然對「八億人民八部戲」感到悲哀，但以一個外行人看，撇開人物和主題太政治化外之外，樣板戲比傳統戲好看得多。這八齣戲都是節奏緊湊，口白有力，唱腔更好，或激昂或抒情，長短合適，詞語更貼近人民大眾，證明改革有道理。後來文革以江青被捕並打成「四人幫」之一而告結束，作為毛的幫兇，她罪有應得，但是改革戲曲應記上一功。

紅燈記

沙家濱

白毛女

1971 年

1971 年對台海兩岸是關鍵的一年，尼克森當選美國總統後，改變了對華政策，由「圍堵」轉為「談判」，並正式承認中國。他訪問中國，促進中國逐漸開放門戶，另外由於台美斷交，海外留學生爆發「保衛釣魚台運動」。釣運很快演成親台和親共兩大陣營，影響深及今日的僑界。

這年對中國影響最大的事件，則是林彪的叛逃和墜機死亡。林案疑點重重，迄今仍撲朔迷離，最早到達出事地點的是蘇聯人，據說機上九人全燒毀，出事地點現在還有九座空墳，飛機的黑盒子在蘇方手中，相信案情必有水落石出之日。

林彪被冠上「陰謀家」、「野心家」、「叛徒」的罪名，被全民批判了半年以上。由於他曾提出要學習孔子「克己復禮」，孔子也成為「批林批孔」運動的陪鬥對象，實在冤枉。

老段說，「林彪事件讓我想通了，這種『狡兔死，走狗烹』的權力鬥爭，哪裡是文化革命，不過是倒過來把文化革掉了。書店裡除了馬、恩、列、斯和毛的著作，什麼書也買不到。」我能體會到他的失望和挫折感，老段愛好古典詩詞，好不容易在農場裡碰到一位教師，保留了一本「唐詩三百首」，他連忙借來抄寫，厚厚訂成一冊，有空即悄悄翻閱誦讀。想到四大文明古國的中國，竟淪落到人民要靠手抄本度日的境地，「文革」云云僅剩下諷刺的內容。

林彪飛機在內蒙出事的殘骸

我後來總算想到一個好方法，就是寫信給周恩來，跟他說我們當初是因為很愛國家才回來的，可是生活上真的不適應，想要再出去。那時是文革的後期，學校還沒有正式的上課，但是要天天學習，一篇人民日報的社論我們要讀一個月，每天就根據那個談自己的感想，實在沒什麼好說的。

那封信寄出去才四天，當我們在那討論課業、報紙、雜誌的時候，系主任來了，站在教室門口。他只盯著我一個人，我就明白了，我的信根本沒有離開江蘇省。我心想那就是不歡迎我們出去了。

我覺得這樣子下去是不行的，因為有這封信，我們將來會被打成叛逃，這種事我們看多了，出身不好的人像是地主階級，什麼事都沒做就被鬥爭的很慘。後來因為「大躍進」把經濟搞得窮巴巴的，政府才鼓勵大家跟外面的華僑聯絡，外面可以拿錢進來，大陸的人要出去也可以。

所以我就再次給周恩來寫信，這次我就把寫小說的技巧拿出來了，說我們如何愛國，而且我在中國也生了兩個小孩，可是我們現在身體確實不好，我懷念我的家鄉、我的父母，所以想再出去，我還說我有見到美國友人來訪、某回歸者又返美等等，這樣他們就知道我和國外有聯絡，不敢扣信，這次我的信就直接被送到國務院去了。

有一天，上級忽然叫我們去北京，然後就有人勸我們不要走，說要給我們分配工作，我先生蠻心動的，他們說：「陳秀美，你是外語系的，你可以到北大英語系教書，還有北京外語學院，那是中國兩間最好的外語學院，隨便妳挑。妳先生可以到科學院力學組⋯..」我先生在台大是讀工程的，算是力學系出生的，他很心動，但我一點都不心動，我跟他說，「大躍進失敗時，有人申請出去沒成功，結果在文革時，他們被批判的罪名是不愛國，有心投敵。」所以我說，既然我們說要出去，就一定要出去。我非常堅持，我先生拿我沒辦法。

後來他們讓我們回南京水利學院教書，有天上級通知我們可以出去了，我

們就出國了。我想這一定是國務院批准的,因為在那個年代很少人可以出去,出去的話就是不愛國。

我們去中國的時候是坐飛機去的,出中國時就拿到一張火車票,一路坐到深圳,然後我們自己過羅浮橋到香港。那個一直盯著我看的系主任,一路陪我們到深圳才回去,那是 1972 年。

自從聽從老段投奔社會主義祖國以失敗告終,我開始對今後的行止,提出自己的主張,而且相當堅持。我摒棄了「嫁雞隨雞」的舊習,要求和世堯平等協商家中大事,幸好他也不再固執,總算和平相處了 10 多年。

段世堯夫婦在香港

「尹縣長」出版

　　975年的夏天比較閒，我忽然懷念起北京和南京的人來，想起了林君的陝西經歷，說到一位雷縣長的故事，忍不住提筆寫了「尹縣長」這篇小說，隨即寄給「明報月刊」的胡菊人主編。小說刊出後，廣受好評，台灣的「中央日報副刊」加以轉載，未經作者同意還擅自更改文字，如「毛主席」變成「毛xx」即是一例。

　　1976年，我接到遠景出版社沈登恩來電，說是高信疆介紹的，表示有意出版我的小說集。我答應後即接到一張看來很像制式的合約，上面有「永久出版」字眼，我對「永久出版」有意見，怕將來出選集時有麻煩，又擔心這是台灣的標準合約，更改不得，正在猶豫不決，沈來電話，爽快地破解我的疑慮，「沒問題，你想動用其中任何一篇，事先打招呼就行。」我信任高信疆，當即簽字寄出，通篇合約不更改任何一字。

　　不久接到「尹縣長」的集子，封面是一個紅衛兵，提漿糊桶要刷大字報，顏色黯淡，設計差強人意，好在很暢銷，很快就再版、三版。不久聽說軍中有盜版，幾年後也接到好心人送的盜印本，我對專利的法理有褒有貶，對盜版也不放在心上，軍人待遇差，買不起書，盜版可以諒解。

　　這時殷張蘭熙跟我聯絡上了，主動要翻譯「尹縣長」為英文。她選好了六個短篇，自己譯四篇，找美國教授葛浩文幫忙譯另兩篇，掛名兩人合譯。外文系學長劉紹銘當時正擔任印第安納州立大學出版社顧問，在他介紹下，「尹縣長」的英文版由印第安那大學於1978年出版。

　　英文版出來後評論很好，「紐約時報」書評更是有長篇的論述。「時報周刊」派記者來舍下採訪，照片和評論於六月中旬刊出。經紀人也找上門來，於是很快簽了德文、日文、法文、挪威、瑞典等文字。

加拿大安全部門很快的也找上門來，兩位男士同來，一人與我交談，另一人純粹旁觀。話題圍繞著我們的回歸經驗，和我的作品內容相當雷同。我的感覺是，加國想要確認我們不是中共派出的間諜人員，如此而已。

第二次婚姻

　　我的第二任先生是陳明和，他是我台大外文系的同學，其實我在大學時並不知道有這號人物。有一次他來台灣時碰到我，他說：「我跟你是同學喔。」後來他無意中聽到我離婚了，就找上門：「我想跟你結婚。」

　　我跟他談話的時候，知道他主張台獨，我說：「你主張台獨，我不主張台獨。」他說：「那有什麼關係，我們又不會怎麼樣。」我說，「要結婚可以，但我們之中若有一個人說婚姻不適合，就必須無條件立刻離婚。」他同意了，我們就請了一桌飯，宣布我們結婚了。

　　我是台灣人，可是我也是中國人，我的中華民族意識很強，可是陳明和言必稱台獨。結婚沒多久，我就聽厭了滿耳的台獨言論，我說，「好啦，你可以走了。」因為我們事先講好了，如果有一個說要走，另外一個就要答應，他說：「我出去找房子住，也要兩三個月，我再跟你住兩、三月。」我說：「可以，先把離婚證書辦了。」所以我們就辦完離婚手續，然後他又住了三個月，還是台獨、台獨個沒完，我就開始趕人，他就搬出去了。

　　我們兩個人並沒有吵架，有時還在一起吃飯。有一天他說：「唉呀，算了吧，我們都這麼老了，還是住在一起吧。」我說：「可以考慮。」忽然他就生了重病，很快的就去世，記得那時是2000年。我在「七十自述」裡沒有寫到他，因為跟他在一起的時間很短。

最左：陳明和　最右：白先勇

最右：陳明和

憶聶華苓

我曾經跟一些台灣朋友說，愛荷華大學的國際寫作中心 International Writing Program（"IWP"）很不錯，於是聶華苓就申請了那個學校，也去唸了，之後她跟 IWP 的主任 Paul Engle 談起戀愛，結果 Paul Engle 跟老婆離婚，她自己也離婚，他們兩個就結婚了。

1985 年左右，於梨華在 New York 州立大學 Albany 校區教書，我也去那裡演講，碰到 Paul Engle 的前妻老太太，她講起她離婚的事，憤憤的說聶華苓是個 bitch，恨死了。

後來我在西雅圖的一個華文會議碰到聶華苓，我開玩笑說，「我是你的媒人，因為是我介紹你去讀愛荷華大學的，然後你跟老公才認識。」在場的三四個人都笑笑沒說話，之後聶華苓就不理我了。

我想應該是她心裡非常的不以為然，她覺得所有的成就都是她自己的作為，從此不要再跟陳若曦有任何關係。

曾經有位讀者讀了我所有的書，他也讀了聶華苓的英文自傳（有中譯本），他說：「奇怪，聶華苓在整本書裡面沒有一句提到你，好像她不認得陳若曦這個人。」

因為她跟 Paul Engle 的關係，她做了 IWP 的第二把手，Paul Engle 退休後 IWP 就交給她，越做越紅，全華文世界包括大陸、台灣、香港的作家統統來唸這個中心，這個中心就變得很有名，所以聶華苓不要跟我扯上任何關係，我可以理解她的心情。

她比 Paul Engle 小 25 歲，他在 1991 年過世，聶華苓在 2021 年是 96 歲，我再也沒有見到過她。

第一排自左：聶華苓、於梨華、我

三次見到蔣經國

我第一次見到蔣經國，是在我初中時，因為我一直都非常愛國，我發動學生去勞軍，我堅持我們班先勞軍，然後再拉整個年級一起去勞軍，這樣子我們學校在這方面的表現就引起了注意。

1952年，蔣經國成立「青年反共救國團」，我那時還在中學，一般要大學生才能進入救國團，但學校派我去代表參加救國團的一次表揚幹部的活動。我個子矮，坐在前面第一排，那次蔣經國致詞時，穿著白襯衫卡其褲，非常樸素及平民化，那是我第一次見到蔣經國。他講的話無非就是青年要立大志，保國有責，反共有望等等。

第二次是我到美國唸書時，我想回台灣，但我先生說：「我們去社會主義中國吧！」我們就投奔社會主義祖國，正好碰到文化大革命，在大陸被折騰了六年多，生下兩個小孩。後來我實在受不了，看到有其他從美國回國的人又出去了，我就趕緊申請出去。離開中國以後，我們先住香港、加拿大，再搬到美國。

1979年，台灣發生高雄事件，聶華苓跟我說：「台灣現在抓人抓得很厲害，你要不要回台灣？」我說：「回去幹什麼？」她說：「你會有機會見到蔣經國，替那些被抓的人向他求情。」

當時因為我寫了文革時的「尹縣長」，出了一點小名，我心想：「去跟那特務頭子求情，我才不幹呢！」聶華苓接著說，「以前台灣有一本《美麗島雜誌》，辦雜誌的人都是因為有理想才被抓，所以我希望你回去。」我就真的回去了。

正好在前一年(1978)，台灣的「吳三連文學獎」把第一個小說獎送給我，他們告訴我，在我接受吳三連獎的時候，總統也會來，我怕見到蔣經國，遂加以婉拒。如今局勢不同了。

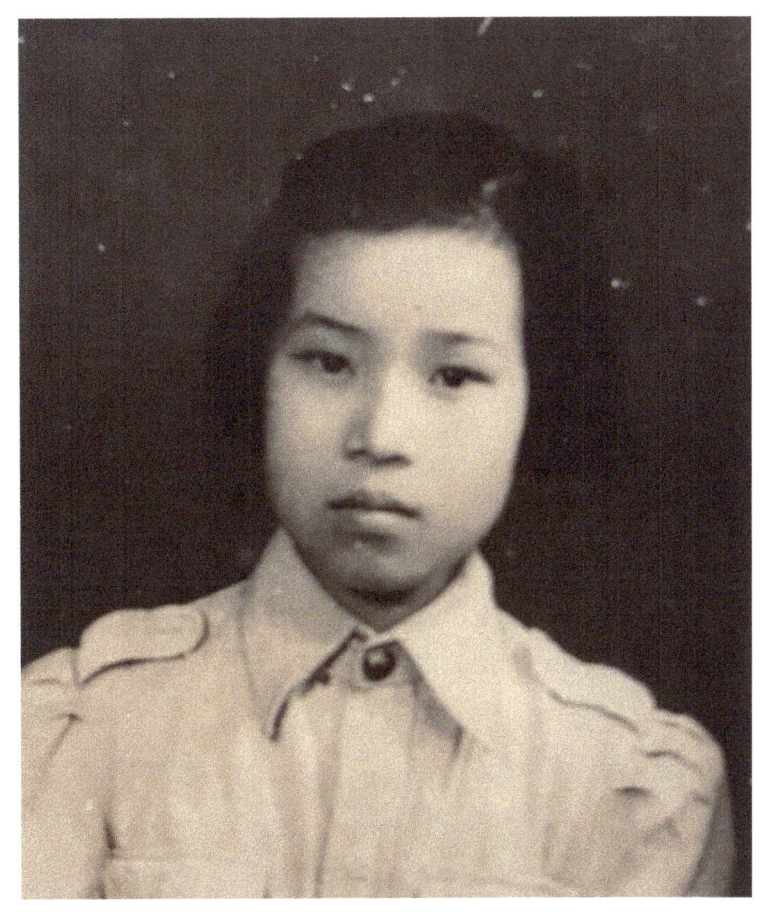

初中的我

初中時我（右一）發起勞軍活動

第32屆吳三連獎頒獎，我在後排中間

我立刻聯絡自立晚報的總編輯吳豐山：「你們是不是還想請我回來，我可以回台灣了。」他說：「好啊，我到機場來接你。」接著我就跟我先生聯絡，那時他剛好在 Miami，我說，「你趕快回來，我要回台灣。」他問：「回台灣幹什麼？」我說：「不能講，你回來就知道。」我那時候很不願意打電話回台灣，怕被特務監聽。

我想到我一個人的力量太小了，我應該集結一批美國著名的文化人士，共同寫信給蔣總統，由我捎去，應該可以增加我為美麗島事件受難人求情的份量才是。

這封信由政論家阮大仁起草，杜維明跟我們一起斟酌後定了內容。信件以「**當時外交失利，亟需全體同胞，無分地域，以求同舟共濟之關頭，而不幸發生高雄事件，親痛仇快，貽害甚多，**」「**而至大至深者，莫過於省籍隔閡之愈演愈烈**」，因此根據總統平日倡導民主的理念，我們提出下列五條希望：

一、全案（美麗島案）立即移交法院循序審理；
二、就案論案，凡當事人與高雄事件無關之言行，應不予追究，以平息政府借題發揮、一網打盡打進黨外人士之流言；
三、應有首從之分；
四、應有事前知情與否之分；
五、應有當時在場與否之分。

　　信件最後強調「依法言法，則凡**涉嫌觸犯『妨礙公務罪』與『妨礙秩序罪』**者，不應交由軍事機關審判，並建議全案立即交由法院審理」。

　　我也找了很多人簽名，包括那時在加州大學教書的杜維明、阮大仁、李歐梵、張系國、許文雄、鄭愁予、鄭樹森、楊牧、許芥昱、歐陽子、葉維廉、田弘茂、張富美、白先勇、謝鐼章、余英時、許倬雲、陳文雄、張灝、劉紹銘、水晶、楊小佩、洪銘水都簽名了。

　　一等到有二十位簽名的時候，我就打電話給自立晚報吳豐山，「我要回台灣走一走。」他直接回答：「我來接你。」

　　其實我剛回台灣時，心裡也是戰戰競競的，在飛機上時還在擔心會不會遭到白色恐怖。當我們要下飛機時，我還沒離席，忽然聽到廣播說：「所有乘客都坐在原地不要動，陳女士請站起來到機艙門口來。」嚇死我了，我想我人都還沒下飛機，就要把我抓走了，我就緊張的抓著包包，包包裡有那封要給蔣經國的信，到了門口才知道是我家人來接我。

　　我一下飛機後就鬧了一個笑話，來接我的人，有自立晚報的吳豐山、我的公公婆婆，還有一個高個子的男士站在我爸旁邊，我不知道那個男人是誰，我猜是特務頭子或者是公安吧，我就自以為很大方的跟那個高個子說：「先生貴姓？」他瞪了我一眼：「我是你弟弟。」八年不見，哈哈哈哈，我的弟弟長得又高又大，我完全不認得了。

因為是吳三連先生頒文學獎給我，所以我先去拜訪他，我說：「吳老，我這次回來想要見蔣經國總統。」他說，「蔣經國不是你要見就能見的，要求見。」所以他就帶我去見蔣經國的秘書長蔣彥士，秘書長說好，第二天就可以去見總統了。

我記得要見蔣經國的前一晚，我百感交集睡不著，我叫輛計程車在台北轉一轉，那時我問計程車司機，「台北現在怎麼樣？」他竟然說，「不能講」，更加重我的不安。

後來我就去見蔣總統了，總統旁邊坐了祕書長蔣彥士，我就趕快把那封信給他，我跟總統說：「台灣人對這個高雄事件都非常害怕，都在講這會不會是第二個二二八事變。」總統本來沒有說什麼，聽到二二八事件，臉上立刻現出很驚愕的樣子，我就一直反覆說：「高雄那個不是叛亂啦，不要用軍法審判。」蔣經國看我一直講「不要軍法審判」講了半天，他說：「陳女士，你說不是叛亂，那你認為是什麼呢？」我毫無思想準備，一急之下，我說：「嚴重交通事故。」蔣總統瞪了我一眼，蔣彥士整個人從座位上彈起來，他想哪有這種笑話，把叛亂的事情講成嚴重的交通事故，我就只好解釋：「是不是警方過度執法？是不是未暴先鎮，把人民的一些抗議，當做反抗？」

後來我發現每隔大約二、三十分鐘，就會有一個人很嚴肅的走進來，好像要跟總統講話，總統就跟他說：「給陳女士倒茶。」那個人就退出去了，在他給我倒了兩次茶之後，我忽然想到，莫非這就是官場趕人的做法？我馬上說：「總統你很忙，我怕耽誤你時間。」就告辭了。

出來以後，我發現當時坐在我旁邊的吳三連，一直沒有講話，他就在那喝茶。一到外面，他臉色發青的說：「廁所、廁所。」老年人的事現在我知道了，我們尿比較頻繁，他辦完了這件事，我才放心。

當時我已經十八年沒有回台灣了，我就趕快到台灣四處去玩。到高雄的時候我接到電話：「總統又要見你。」我就趕回台北，吳三連說：「陳女士，你

我在美麗島事件起源地--高雄

這一次愛講多久就講多久。」他說：「我從昨天晚餐到現在滴水未進。」

這一次總統還是說，「我們的軍人對民眾都是打不還手，罵不還口的，結果被那些暴民打傷一百多人，」他說，「有一個人還當街跪下來，結果暴徒毫不理會。」這個鏡頭我們在美國已經看過好幾遍了，當時我也很難說什麼去反駁他。我臨機一動，「這會不會是那個治安單位，為了鎮壓找個藉口，當街表演苦肉計？」蔣總統又是一愣，蔣彥士在旁邊氣得整個人跳起來，袖子一捲好像要跟我打架似的，總統還是很鎮定，他用很無奈但很堅決的口氣說：「我以人格擔保，我們的政府絕不會行使苦肉計。」

在這當中又經過兩次奉茶，所以我趕快告辭，我說：「謝謝總統，謝謝總統。」結果總統又加了一句：「你放心啦，哪怕有一個人被冤枉，我的心都不會安的。」這就是我第三次見蔣經國總統的經驗。

我對蔣經國的印象不錯，從初中第一次見到他，就覺得他很樸素，雖然那只是外表，但後來看到他對我所有的說法，反應都很鎮定，還用人格保證，「哪怕有一個人被冤枉，我都會不安的。」我覺得他有把老百姓的生命放在心上，很不錯。

1980年1月返台見蔣經國，陳映真、黃春明等文藝界朋友為我開歡迎會

胡耀邦接見

中央戲劇學院副院長曹禺訪美時，曾表示歡迎我去中國。同時香港文彙報主筆羅孚也說，胡耀邦主席讀過我寫的「尹縣長」，歡迎作者回中國看看。後來我又看到胡主席的兒子胡德平在接受採訪時，透露他父親曾推薦我的作品，因為胡德平在文革時，唸北大歷史系，曾被關過一陣子，因此對我的作品感受很深。

1985年3月，我寫給曹禺，表示有意訪問大陸，終於於4月下旬重踏中國土地。我先是參觀深圳特區，最後一站到北京。一眨眼12年，北京的變化不小，我住在北京飯店，門前的長安街和旁邊的王府井都比以前熱鬧的多，我現在的身份是加拿大人。

1985年在北京訪問曹禺（中間）

胡耀邦（左）與兒子胡德平

在五四勞動節前兩天，我接到通知說，中共主席胡耀邦次日要接見我。我對胡主席一直懷有敬意，去了才知道會見是在中南海的一個大廳。

1980年代，他擔任中共中央總書記，公認是鄧小平的接班人，繼續推動四個近代化。次年6日6月，鄧小平主持中央會議，徹底否定文化大革命，胡耀邦被選兼任黨主席，消息傳來，振奮人心，胡耀邦果然不負眾望，積極「糾左」，為「冤假錯案」平反，對文藝界也衷心支持。可是鄧小平虎頭蛇尾，立刻又開始控制意識形態，不但對電影展開批判，還抓民運人士王希哲，強調「思想戰線不能搞精神污染」。這段期間胡主席不但沒有落井下石，還幫一些作家說話，好多大陸作家就把他比為「周恩來第二」，視他為文化人的朋友。

我跟他見面時，發現他平易近人，言談親切，令人心折。他個頭不高，未開口已笑臉相迎，握手之後親自招呼讓座，彷彿接待老朋友，加上一身穿著樸素，他的親和力一下子就拉近了主客的距離。他說，「我看過你的書『尹縣長』，寫得很真實，沒有誇大。」

談到文藝創作，我忽然想起馬德昇的話，借著贊美他對藝文界的支持，我表達了海外樂意見到中國作家出訪交流。在他點頭的時候，我趁機提起詩人北島出國被阻的事。胡主席側臉問後邊的助理，「北島是誰？男的還是女的？」我怕他手下的人答不出，趕緊說，「北島是位年輕詩人。」胡主席隨即手一揮，下指示，「讓北島出去！」如此爽快令我喜出望外，胡主席坦誠又豪爽，任何問題他都樂於回答，而且旁徵博引，證明人生歷練豐富，說話一直是直來直往的。

我當時不理解去年鄧小平提出的專門針對港、台和澳門的「一國兩制」政策，鄧小平答應香港人「馬照跑，舞照跳」、「50年不變」，這怎麼可能？

胡主席對此顯然胸有成竹，他溫婉的解釋，「這『一國兩制』，其實就是地方高度自治。」偏偏我還追著不放，「怎麼叫做『高度』的地方自治呢？」他好奇地看了我一眼，很有把握地說，「西藏最近比較落實地方自治的政策，

1985 胡耀邦接見

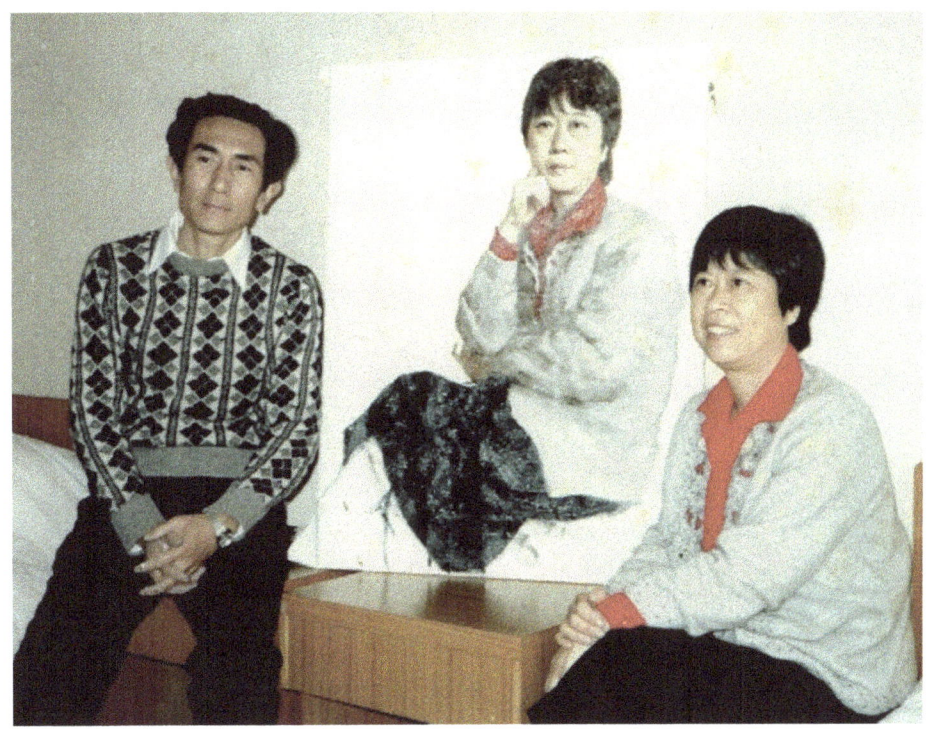

畫家和他的作品

陳女士不妨到西藏看看就可以理解。」出來後我看錶，這次訪談的時間將近兩小時。

在接見我之後10天，胡主席接見了香港「百姓」半月刊社長陸鏗，陸鏗出身國民黨中央日報副總編，50年代「大鳴大放」時主張民間辦報，招來一頂「右派」的帽子。80年代初陸鏗到港和胡菊人合作辦雜誌，經新華社香港分社許家屯社長推薦，獲得採訪胡耀邦的機會。面對精明的資深記者，胡耀邦依舊侃侃而談，結果內容被陸鏗和盤托出，在海外相當轟動。

訪談透露最大的消息是，鄧小平有退休打算。結果鄧小平並未遵守諾言，胡耀邦反而被黨內大佬批評為「逼宮」。86年，北京的大學生遊行要求自由民主，次年元月，胡耀邦被以「反對自由化」不力的罪名，被迫下台，兩年後抑鬱而終。海內外盛傳胡耀邦下台的三大罪狀之一，就是接受陸鏗的訪問。

胡耀邦的死激發了北京和全國人民的悼念和憤怒，終於爆發了震驚全球的「六四天安門事件」。以搞學運起家的中共，對付手無寸鐵的學生，竟然以軍隊進行血腥鎮壓，不但是黨恥，應該也是鄧小平一生最大的污點。

1985年5月10日 胡耀邦接見陸鏗

1997年 右一我，右二崔蓉芝，右三陸鏗

憶班禪喇嘛與兩次訪藏

因為胡耀邦的推薦，我參訪了西藏，於 1987 年 7 月由台聯安排成行。我這一次帶了大兒子同去。我們去了蘭州、九寨溝、西藏、蘭州等內地，我想我可能是蘭州大學改革開放以後的首位外客，演講頗受歡迎，當時禮堂座無虛席，連窗戶欄桿都有學生攀爬來聽。

我講的多半是海外華人尤其是台灣的文學成就，夾雜一點借外諷內的時事感言。學生有時提的問題很尖銳，我知無不言，但也碰到鐵板。有回在貴州演講，我才讚美了幾句對劉賓雁報導文學的看法，談到他的「人妖之間」和「第二種忠誠」，麥克風就被校方切斷，可見政治之敏感。

1987 年是我首次訪藏，高原空氣稀薄，拉薩的氧氣僅有上海的三分之二，因此我們呼吸和說話都慢下來，整個人變得很斯文，連蒼蠅蚊子也飛得很慢，拜藏人「不殺生」之次，蒼蠅長得又肥又多，成了夏日一大奇景。

1987年在甘肅蘭州大學演講

攝影：鏡頭日記

夏日的高原氣候乾爽宜人，早晚清涼，中午艷陽高張，天氣藍的純淨無比，似乎拉近了天地的距離，朵朵浮雲隨呈現隨手可取的美麗錯覺。

藏式建築不同於漢式建築，後者講究格局對稱，藏式建築則是不等邊加蓋上去，紅簷白牆，極具堆砌之美，1000多間房的布達拉宮就如此砌成，至為莊嚴美麗。此地的風土人情也跟內地截然不同，宗教氣氛尤其濃厚，這些都讓我感動不已。

許多內地去的文藝作家像馬原、馬麗華和劉萬年，都是來了就捨不得走。西方人稱西藏為「香格里拉」，果然是人間天堂。

80年代中旬的拉薩遊客不多，鬧區是環繞大昭寺的八角街，室內供奉著文成公主陪嫁的釋迦摩尼佛像。此外，公主與夫婿藏王松贊乾布的畫像也是珍貴文物。

這裡小店很多，以喇嘛教文物和紀念品為主，商販漢藏各半，漢人清一色四川口音，時常有藏人手搖內藏經卷的小鈴鼓，順時鐘繞行八角街，口中唸著六字真言，表情至為虔誠。

在八角街上，我看到有一家三口人席地坐在路中間，施施然掏出懷中的木碗，打開熱水瓶，倒了青稞粉，以手捏糌粑吃。路過的行人和車輛都禮貌地繞道而過，不會打擾這家人。原來一家人所在之地就是家，不管時空如何改變，藏人對家的概念令我肅然起敬。

我們參觀了布達拉宮、大昭寺、色拉寺和哲蚌寺後，得知十世班禪喇嘛此刻正在拉薩，願意接見我們，感到非常的榮幸。

班禪果然是天庭飽滿，五官端正，而且紅光滿面後，他和後來我見到的兩位活佛都是美男子，反應敏捷，能言善道，思想概念都跟得上時代的節拍，證明這種選拔活佛方式比世襲制度高明多了。

布達拉宮　攝影：鏡頭日記

攝影：蔣欣辰

大昭寺，攝影：蔣欣辰

攝影:蔣欣辰

1987 拉薩見班禪

班禪和胡耀邦一樣坦誠直爽,只有過之而無不及。早在62年,他眼見毛澤東搞「大躍進」,青藏同胞備受荼毒,他就給中央上了「七萬言書」,結果丟了自治區首長的官。文革一來還被抓去關了9年8個月,去年才正式平反。他對宗教的堅持也令人佩服,他一直和出走印度的達賴喇嘛保持信使和電話聯絡,不愧是大陸380萬藏人的宗教領袖。

班禪在言談中還散發一份民胞物與的氣質,相信和娶妻成家有關。據說他從牢中放出以後,與一群民主人士被安排遊覽大江南北,隨行有位漢族護士李潔,一趟下來,他和李潔擦出愛情的火花,他表示「寧可不當活佛也要結婚」,在周恩來斡旋之下,終於得遂所願,83年生下女兒吉仁旺姆。

中共對婚事保密,但藏區無人不知,私下喊他們的女兒為「公主」,對班禪仍然崇愛有加。正因為多了這份俗世之情,他成了真正的「活」佛。

聽說我來自台灣,他表示羨慕,「你們台灣和香港一樣,可以『一國兩制』,真好!」

我提到胡耀邦說西藏有高度的自治,他卻不以為然,看法與中央略有不同。當著在座的自治區漢人官員,他直陳中共治藏的毛病是「權力不夠下放」,許多地方「有名無實」,不夠「高度自治」,和內地官員普遍唱誦中央英明,他的言論令人一新耳目。

他說,西藏的改革開放,正朝內地舉起直追,這表現在日漸蓬勃的旅遊業。但班禪警告要維護傳統,他說,「拉薩就是拉薩,一定要有酥油味,如果沒有酥油味,光有香水味,誰會老遠跑來西藏觀光?」

他對於一窩蜂的西式新建築也不以為然,唯恐拉薩變成第二個香港。後來我看到21世紀初的拉薩,旅客雲集,人滿為患,更加佩服班禪的高瞻遠矚。

攝影：鏡頭日記

雪中行，攝影：蔣欣辰

騎牦牛,攝影:蔣欣辰

雪山獅子旗

浴佛,攝影:蔣欣辰

這趟西藏之旅對我是一場震撼教育,也讓我對雪域十分著迷,一直想能為西藏做什麼事,閃入腦海裡的念頭是讓海外的漢人多多瞭解西藏,也讓藏人走出來看世界。

那年(1987年)9月拉薩發生暴動,有些喇嘛亮出象徵「西藏獨立」的雪山獅子旗,受到中共鎮壓,漢藏關係十分緊張。海外尤其是美國的輿論,都一面倒向「藏獨」。我以為中共在西藏,有政策和執行的錯誤,但是建設之功不可沒,也不可能讓西藏獨立出去,雙方一味對抗,必然兩敗俱傷,何況許多不幸乃源於民族之間的隔閡和外國人有心的操作,後者更增強我對促進民文化交流的念頭。

經過我的一陣聯絡,我們成立了「西藏文藝研究會」,會址設在我家,參與者有美國文化界的聶華苓、於梨華、莫宗堅,以及台灣的陳映真和蔣勳,我

攝影：鏡頭日記

攝影：鏡頭日記

被推為會長，主動和西藏作協聯絡，雙方議定，我方先組團訪藏，來回機票自費，其他藏方接待；次年邀請藏方兩位作家訪美，並安排到各大學演講，我方包辦來回機票和食宿，演講收入歸藏方作家。

1988年8月下旬，我們組成了包括我在內的四人訪問團，另三位是來自紐約的作家叢甦，普渡大學的莫宗堅，以及台灣的攝影家關曉榮，整個行程十四天，後兩天正好趕上西藏的三大節日之一--雪頓節，藏人舉家逛林卡（公園），寺院舉行浴佛大典，還表演藏戲，非常熱鬧。

再次入藏，我設計走世界最高海拔的青藏公路，先由西寧參觀塔兒寺開始，坐火車過青海湖、柴達木盆地和鹽湖，由格爾木改搭汽車南下。先是一路爬高，經過崑崙山口、萬里長江第一橋沱江河口，直到五千米高的唐古拉山口，後者是長江和怒江分水嶺，也是青藏兩省的界山，過了界山便逐步走下坡，經安多到藏北第一大城市那曲，最後抵達拉薩。

我們在那曲見到孝感寺的珠康活佛，年輕英俊，娶妻生子，但仍受信徒擁戴，可見藏人心胸之寬厚。活佛特別為我們安排了因文革而禁演的宗教舞，面具包羅妖魔鬼怪，兼具誇張和華麗之美，令人激賞不已。

西藏作協派了兩部車子在格爾木等我們，還有藏族作家益希丹增及漢人作家馬麗華做導遊。益希丹增漢語流利，妻子是漢人，子女號稱「團結族」。藏人一般是天葬，但罪犯和乞丐則用水葬，因而藏人平常不吃魚，益希丹增卻敢吃魚，陪我們遊覽時，還捕了一大麻袋的魚回家，顯然飲食漢化了。

前後兩次訪藏，相隔一年而已，大環境的氣氛卻判若雲泥。外地和外國旅客少了，戒備嚴了，寺廟喇嘛對漢人很不友好，有一回還借著餵狗，朝我們背後丟馬鈴薯。我喜歡和當地人攀談，去年大家都很友善，今年就充滿了戒備神色，還有瞪眼不理的，敵視溢於言表。

攝影：蔣欣辰

攝影：蔣欣辰

中共中央對西藏的態度也大有轉變，撤走了大批漢人幹部，除了自治區第一把手是漢人外，眾多部門都是藏族當家，公文都使用藏語，教學也以藏語為主。這樣做也有後遺症，留下的漢人倍感孤立，去年聽到一些曾經表示要老死在這人間天堂的人，如今已打起退堂鼓，只想早早退休回內地。

平心而論，漢藏關係不好，漢人要負較大的責任，優越感最是要不得。中央花大把錢整修寺廟，但很多漢族幹部視藏民落後且迷信，不懂得尊重藏人的宗教傳統，一經有些人挑撥離間，不生嫌隙也難。

我就親眼目睹公安開著警車，在扎什倫布寺前面橫衝直撞，嘴裡吆喝，「走開！走開！」顯然任何藏人聚集的地方，都讓公安人員不安，但這種驅趕的方式，只會招致憎恨，真不懂漢族幹部何以不能換個腦袋去思考，異族相處除了尊重和包容，別無妙方。

兩次訪藏，備受震撼，很快出版了「青藏高原的誘惑」一書，我也下了決心要為漢藏的融合盡點綿薄之力。

第二次訪藏歸來，我立刻投入籌劃藏人回訪事宜。西藏作協回應很快，來信通知我，來訪的客人是一藏一漢共兩人，我隨即以「西藏文藝研究會」名義發出邀請函，並開始作業。兩人的機票錢很快就籌到，而且美國東西兩岸和首府華盛頓三地，也都安排好著名的大學演講行程，我在這些地方的朋友都搶著提供住宿和旅遊，大家都充滿了期待。

三個月過去了，經過多少信件和洲際電話，這兩位作家竟然連護照都辦不出來。當時文化部長是王蒙，他說他早批准了，但是上層的什麼民主委員會卻沒人敢批，怕負責任，唯恐發生滯美或叛逃事件。美國大學的演講一再延遲，最後我整個放棄。兩年後形勢仍無改善，我如實向會員反映，並毅然解散了「西藏文藝研究會」。好在其他的文化交流嘗試還頗多收穫，讓我的信心不至於崩潰。

創組「海外華文女作家協會」(1989)

那時我常到大陸去，1988年大陸方面問我，「你們海外女作家有沒有組織？」我說沒有，他們就說，「那你應該創辦一個這樣的協會。」我說好，我想就先從女作家做起吧。

為了成立「海外女作家協會」，我付出很大的代價，一直到今天還在不停的想 What if……，那我小兒子的命運會不會改變？

1988年夏天，我跟先生說，「我要去東南亞，包括新加坡、夏威夷、印尼，聯絡一些華文女作家，組成『海外華文女作家協會』，然後再把歐美的女作家加進來。」為此我離家一個月。

第一屆雙年會 1989年 柏克萊

小兒子的坎坷命運路

我為「海外華文女作家協會」召兵買馬一個月後回家，我的小兒子那時是高二要升高三（他是 1970 年生），他說：「媽媽，我等你一個禮拜，急死了。」我說：「怎麼了？」他說，「我參加了 Army Reserve。」這是預備兵，萬一國家缺兵了，他們就上前線去。

美國的高中在開學時，陸海空三軍就一字排開在校內，加上 Army Reserve，都在招人。他們說這不是要你們當兵，只是一個月訓練一、兩次，還有錢可以拿。我兒子走到了 Army Reserve 那，就被他們拉去了，他簽了名。他們說，「你一個月只要訓練一、兩天而已，也不會去打仗，美國現在不缺兵，等到缺兵時我們再多做訓練。」

我的兒子很孝順，以為這樣子可以替家裡賺點錢，就加入了。我一聽急了，跟他說你不要參軍，我們絕對有錢讓你讀到大學畢業，你趕快去退掉。結果他就打電話給他們，我在旁邊聽到他講 yes，然後他的嘴型很害怕，oh no，oh no no no，oh yes yes yes。我就知道他們是在恐嚇他，你這樣退出是不愛美國。我兒子純潔善良，他就說，「好好好，我不退出。」完了！自此他的爸爸、哥哥四個月不跟他講話。他哥哥說：「我不能讓我兒女們知道，他們有一個 Uncle 連大學都沒畢業，丟臉。」

他參加了以後，每個月去兩天，恰好那兩天學校經常有小考或期中考，他就錯過了，一學期下來就得補課，他選的六門當掉三門，他急得不得了，後來他問我：「媽媽，你的小孩是不是一定要大學畢業？」我說：「那倒不見得，但是一定要能夠自食其力，靠自己，不能靠家庭。」他立刻就不去上學了，去做工，一直到今天他還在做工，他現在是舊金山 General Hospital 最底層的搬運工。

段世堯夫婦與兩個兒子

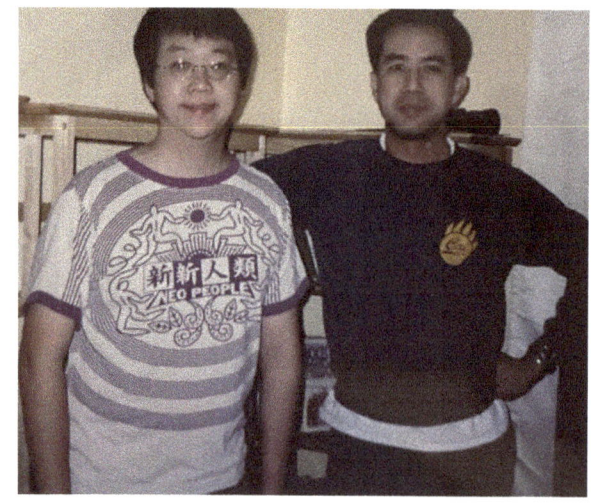

兩個兒子Tom and Peter

我幫自己買了人壽保險，我奮鬥五年才夠錢買人壽保險，每年交九千九百九十美元，交了五年，從六十五歲開始，我每個月可以領回兩千七百美元。我就說七百元我不領，留著給我小兒子，將來我走後，小兒子也可以開始領錢，直到他走為止。現在我的帳也由小兒子管，我要錢他就給我。

　　小兒子至今未婚，因為他很自卑。在醫院裡，連護士的職位都高他一等，他算是醫院中最低階的。他曾跟一個從大陸來的女生談戀愛，有一天他告訴我他的電話號碼改了，就是因為那個大陸女生急著要結婚，他發現她急的原因，是為了要得到美國的簽證及永久居留權，所以他連電話號碼都改了。

　　我的大兒子是律師，他第一任太太是 Hawaii 的人，他們生了兩個小孩，後來離婚了，那個太太帶著兩個小孩回 Hawaii，我還跟小兒子去 Hawaii 看過他們母子。然後大兒子又結婚了，這次是跟北京來的姑娘，又生兩個小孩，我前年還去看過他們，所以我現在是四個小孩的祖母。

不信命卻認命

　　現在往回看，為了成立「海外女作家協會」，誤了小兒子的一生值不值得啊？為了成立大會，我把於梨華等人都拉進來，剛開始所有的事都是我一個人在做。現在我常想，我那時不一定要出國，可以用電話催生這個組織啊！

　　我小兒子的生涯選擇失誤，真是非常的不幸，是家庭因素嗎？但當時我先生為什麼不管？我兒子怎麼不問他爸爸？我怎麼不強勢阻止他？都是命啦！

　　很多事好像是命中注定，我從來不服命，但我會盡全力去做。我不信命，可是我也認命，大陸的人多半不信這個，但是台灣人很信。我從小家裡就拜拜，我們整個姓陳的家族、兄弟姊妹裡只有我一個是基督徒。

　　我這一生扮演這麼多角色，不管做什麼角色，我都會盡量去做，盡量做好。我自信好人一定不會有太壞的結局，而我是好人。

主編「僑協雜誌」

我現在還在寫作,在電腦上寫作,我寫散文,不寫小說啦,十幾年前就不寫了。

但我協辦一個雜誌叫做「僑協雜誌」,隸屬「海外華僑協會總會」,我是雜誌的編輯主任委員。我們每個月開會一次,由我主持,兩個月出版一本。為了要讓大家都寫,我自己先帶頭寫,鼓勵會員投稿,等收齊稿件後,再開會討論校正,然後才付印出來,是本貨真價實的雜誌。

我參加這個雜誌已經二十年以上了,這個雜誌到現在有七十幾年的歷史。「海外華僑協會總會」當初成立是為了抗日,有一個立法委員到美國各地去演講,呼籲成立「華僑協會」,請大家捐錢幫助中華民國抗日。我們每期的發行量有兩、三千本,華僑協會約有二十幾個海外分會,每個分會都會定期收到五本雜誌。

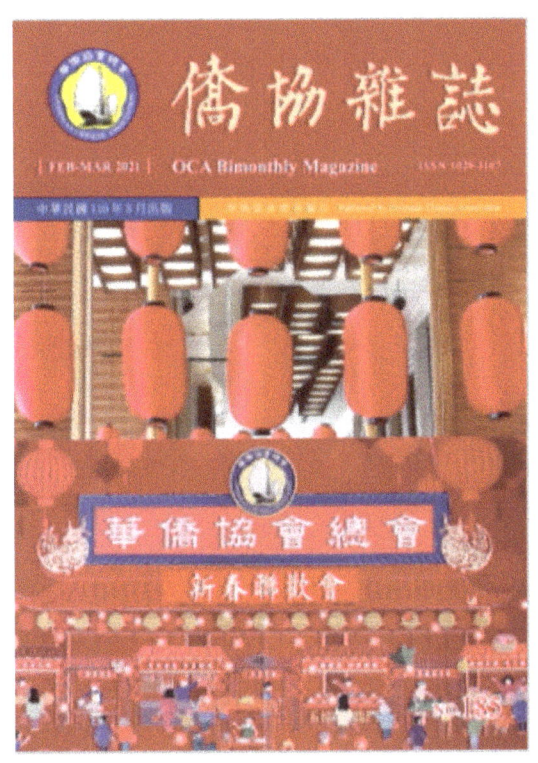

以寫作關心社會議題

我出了一本書叫做「堅持無悔」，小標題是「七十自述」，我把這生七十歲以前重要的事情都講了。一開始我寫了二十四萬字，後來出版社的人說，這麼長的書現在沒人看，我就把它刪剩十幾萬字。

至於我的散文，我唸一段給你聽：

「中南部的人要呼吸啊，我為中南部的人講話。」

小年夜，我接到台中一位朋友來電，說著說著他忽然抱怨起來，「你知道嗎？我們台中的天空真糟糕，整天灰濛濛的，我都懷疑自己的肺也是灰黑一團了，簡直像住在毒氣室裡。」可以理解啊！

日前報載中南部已霧濛濛二十天了，空氣品質飆到紅害，是最惡劣的等級。據說彰化大佛、高雄地標 85 大樓幾乎都消失在霧霾裡，台南市也是重災區，很多災民的房屋都埋沒在霧霾裡，看不到附近人家的房頂，市民抱怨喉嚨癢、打噴嚏，整天要關門窗或使用空氣清潔機，苦不堪言。

老百姓對我說，「都是燃煤發電惹的禍。」我指出，「你們要起來抗議啊。」對方問，「跟誰抗議？」我想了想，脫口而出，「找蔡英文總統去。」

我是很關心社會議題，我寫的文章都是反映社會現實的。我關心的議題，第一環保，第二老年問題，還有其他社會問題。

台獨不可行

我是看了「一九九五閏八月」這本書之後趕回台灣的，我要跟台灣死在一起！結果回來一看，台灣人還是馬照跑、舞照跳，沒事人一樣，不像我們在美國被這書徹底給嚇壞了。

我覺得台灣人對大陸想統一台灣的論調，基本上已經冷感了，但因蔡英文總統不遺餘力的在推動台獨，讓台灣人自以為跟大陸沒有關係，其實是不對的。

我在文革期間住在中國六年多，我深知中國人絕不會讓台灣獨立出去的。李敖去世以前跟我有過一番長談，我們認為台灣前途最好的解決方法就是「一國兩制」。不過台灣人現在絕不會接受「一國兩制」，因為他們看到了中國在香港搞「一國兩制」的下場，可是我們不要忘記美國在香港光是領事人員就有三百多人，這會不會是美國人搞的鬼呢？

香港我住過，我在離開大陸後，先到香港住了一年多，我覺得香港幾乎有百分之九十以上的居民原來不是正式離開大陸的，他們是逃來香港的。所以他們覺得如果一旦有什麼運動，舊帳重新算，他們就完了，所以他們當然反對被送到中國去受審，「反送中」是這樣子來的，可是在台灣就被宣傳成一個被中國壓迫的運動，我覺得很可笑。

蔡英文一心想搞台獨，如果不能正式搞，她就變相的搞。現在在台灣的中學教科書裡，中國歷史被放到東亞史之下，台灣的歷史可以教上一年，你就知道蔡英文的目的是什麼了。

可是她對年輕人的洗腦很成功，年輕人很容易受煽動，在年輕人的理想中，他們巴不得一個小島能夠獨立成為一個國家。

我永遠關切台灣的前途。我永遠是中國人，永遠是台灣人，總之，我永遠不變。

比較中美殺人者償命的法律

中國法律的現況如何,我因為沒有在中國受過審判,我不敢講,但是它要統治這麼大的國土,它的法律必須要有一定的客觀性吧,不可能隨便怎麼樣,但它常被汙名化倒是真的,大家想到中國,哇,法律一塌糊塗。

我住在中國南京很多年,殺人者一定要判死、一定要償命,我並不覺得那個法律不公平,甚至我覺得中國的死刑法律讓人拍手稱快。會被判死的人,大概都是些罪大惡極的犯人,只是這種案子如果在台灣就說不定了,拖拖拉拉,到最後半死不活,搞不好就放人了。在中國判死罪會立刻執行,不養你了,砰的一下你就被轟走了。

美國的話,殺人犯通常可以活上三十年,因為在美國你會有律師,迷糊仗可以打好久。最近美國的一個女殺人犯,她被判死刑,三十年以後才執行,執行的時候開放讓被害人的家屬去現場看,算是給他們心理的療癒 closure。你看到當初殺死你親人的人現在被殺,可以從中得到一點慰藉,心裡的創傷就會慢慢的被撫平。

大陸目前最大的貪官是賴小民,他有一百多個情婦,在他家就搜出了三億人民幣,重三噸。判刑二十四天之後,他被砰一下就沒了。為了要取筆供,他的一百多個情婦都來了,乍看下還以為這裡有家妓院,因為她們都很年輕,穿得都很那個,當局也把他為情婦蓋的小區裡的一百多套房子都沒收了。

我從來不喜歡美國,它是強國沒有錯,但它對人類是侵略性的。我在美國常常被歧視,雖然不是很明顯,因為我住在嬉皮的起源地柏克萊,知識分子比較多,所以發生在柏克萊的重大歧視案件比較少。

台灣也有像美國那樣的遊民,我這裡走出去就是民族西路,從民族西路往右邊走幾步,幾年來每天八點鐘就會看到一個睡在地上的人,他的行李就放在旁邊那個救火隊裡頭,他們特別容許他放。白天不知道他去哪裡了,晚上九點、

十點他又回來睡在地上,他不是很老就是了。他最近幾天倒是不見蹤影了,可能被勸導去住安養院也說不定。

支持女權

我常常為女人講話,我不知道什麼叫做女性主義,但如果是為了擁護女性,實現男女平等,我絕對支持。

林雲大師曾說,未來的世界是由女性統治的,我完全同意。現在也有很多國家的元首是女性,女性比較不會那麼衝動,很少啪一下就發動戰爭,女性也比較堅忍不拔。我如果有女兒的話,我會給她自由,讓她自己選擇要走的路。我想一般人都會有愛好,那個就是選擇嘛。

基本上,歷史上所有有名的詩人、詞人、文學家、藝術家我都喜歡。在中國古典文學裡,詩詞是最大的成就,要有名並不容易。影響我人生哲學的話,像是「有為者亦若是」這一類的。

為同性戀者發聲 (1986)

我同情同性戀,我有一本書叫「紙婚」(1986),後來由台灣電視公司拍成同名的單元劇,李安也拍了『喜宴』介紹同性戀的故事。

「紙婚」是真實的故事。我在法國碰到一個從舊金山來的女生,她來自北京,她說剛來美國時想賺錢,但因為她沒有美國的永久居留權,她去餐館打工就被抓到了,要把她遣返。那時有一個男性同性戀朋友問她:「你知道我是同性戀嗎?」她說,「知道啊!」「那你要不要跟我假結婚?等你拿到那個證書,成為公民以後,我們再離婚。」她想一想,好,她就住到那個人家裡,那個人還有一個男性愛人。

他們住在 Berkeley 附近的 Richmond。Berkeley 女同性戀很多，後來她真的拿到了美國的永久居留權，就跟他辦離婚，然後就分開了。後來她發現這位男士死於愛滋病，那時是 80 年代，舊金山爆發了愛滋病潮，她發現自己不知何時已經愛上了這位男士，她的悲哀及憂鬱深深的觸動了我。

我回美國後就看了很多關於同性戀的書，我發現原來有些同性戀是天生的，有百分之五左右的人，生來就是同性戀。我是基督徒嘛，我們相信上帝造人，既然造出了同性戀，我們就要接受，所以我對同性戀者並不排斥。

我看「送中」及「反送中」

李敖和我都覺得台灣最好的出路是和平統一、一國兩制，因為我覺得台灣的民主自由可以**幫助中國改變**。後來中國沒有遵守香港的一國兩制制度，我覺得那是由別的事情先鬧起來的，當然蔡英文最希望把事情鬧大。

記得是 2018 年，香港男子陳同佳在台灣殺死女朋友潘曉穎，棄屍台北市，後來這個男的在香港被抓到，台灣要求香港把他送來台灣審判，但因香港與台灣之間沒有司法互助，無法引渡逃犯。2019 年，香港推動「逃犯條例」修訂草案：「如果你在澳門、大陸、台灣犯了罪以後，我們就會把你送回原犯罪地去審，」簡稱「送中」，香港人就起來「反送中」。

我相信香港有百分之九十以上的人，當初都不是依正當途徑到香港的，都是變相的逃到香港，然後長期居住下來，變成了香港人。他們當然不願意萬一將來發生什麼事情被抓到了，就會被送回中國審判，他們的激烈反對就演變成「反送中」。

但我覺得更奇怪的是，後來那個男的要求回台灣接受審判，但是蔡英文反而不接受，因為這段期間，正好趕上台灣總統和立法委員改選，於是執政的民進黨一反當初要求犯嫌來台受審的初衷，改為支持「反送中」，並利用它來宣傳「反中」和「仇中」的「台獨」主張。總之，「反中」、「仇中」的結果，有助總統連任成功、立委多數當選，這就是香港「反送中」的另類貢獻！

總之，自從蔡英文接掌政權以後，台灣就沒有什麼骨氣了。

香港的反送中

評韓國瑜選總統

2020年韓國瑜選總統，我沒有站出來，我當然是支持韓國瑜的，可是我對他選總統很不以為然。選民既然高票選你做高雄市長，好不容易才把二十年都在綠色執政之下的高雄換了你，你就好好的做嘛，幹嘛出來選總統，果然落選！所以我對他的落選並不同情，他選黨主席我不反對，那是國民黨自己的事。

但我希望他記取教訓，以後他做什麼，先把手上的事情做完，不可以這樣飄，自以為不得了，被人一煽動，高雄市長就不做了。其實他在高雄那短短的幾個月內，還真的做了不少事情。他比較不像政客，他是個會做事的人，但他身邊不曉得是誰去說服他選總統，真是很失策。他首先得對高雄選民負責，對不對？

騙案翻新，老人上當多

每個人都會逐漸老去，每一個人都要早點安排自己晚年的生活，尤其是女性，對老年更要好好地提前計畫。

我在老人院裡的一個朋友，兩年前聽說她的錢被騙了。騙案好多，我也被騙過。有一次有人跟我說，「一個刑案裡有你，所以你必須趕快把錢存到高雄的一個郵局裡，案子破了以後再還給你。」結果我還真的跑到郵局，一路上我想不對啊，這個是騙局吧，我就轉身回家不理它了，結果也沒有下文。

有個朋友告訴我，她已經把十二萬美元匯過去了，我告訴她這個是詐騙集團，馬上陪著她到警察局去報案，結果那筆錢已經被移到大陸了，我說，「你早點問我，這個錢就保住了。」詐騙集團都是一次一次的騙，它不會一直盯著你，騙到很好，騙不到就算了。

邱彰說，有一次因為她的電腦突然出問題，她以前都是打給Apple客服，他們就會幫你解決。可是現在騙子集團在背後操縱的Apple客服網站比真的Apple

客服網站還要多，在 Google 搜尋的話，騙子的網站也一定排在 Apple 客服前面。

所以當她打給第一個網站時，接電話的人就說：「唉呀，你被騙了，來，我們的客服可以立刻幫你解決！請你先到離你最近的超市去買兩百塊錢 Apple Pay，然後我們就可以幫你解決問題，解決完我們就把錢還給你。」他還說：「請你立刻去，不要遲疑，也不要跟任何人講。」然後她就真的去了，真的買了 Apple Pay，然後打給這個人，他說，「唉呀，這還不夠，你還要再買四張。」一張兩百，她就真的又回去買，結果超市裡有一個 cashier 很好，她跑過來跟邱彰說，「你被騙了，你不要再買了。」。所以現在在網路上，只要一牽涉到錢，請你馬上先打一個問號。

陳若曦 介紹

本名：陳秀美

生日：1938.11.15

籍貫：台灣台北市

住址：臺灣 10369 台北市民族西路 1054 樓 914 房

電郵：lucy4903@gmail.com

學歷：臺灣大學外文系 文學士 (1961)

美國約翰霍甫京斯大學 The Johns Hopkins University 碩士 (1965)

經歷：

1958-62 臺灣「現代文學」創辦人和編輯之一

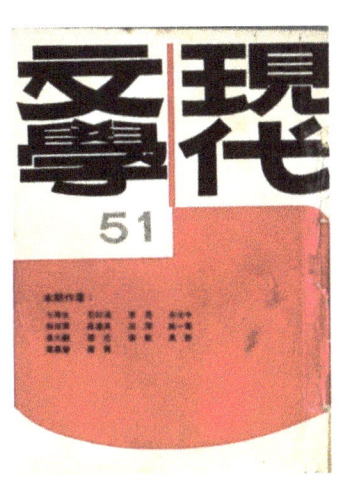 

1962 赴美就讀麻塞秋色州蒙何立克學院英文系

1963 轉學約翰霍甫京斯大學寫作系

1966 偕夫赴中國大陸，適逢中共發動文化大革命

1969 任教現南京市河海大學

1973 全家移居香港，任新法書院英文教師

1974 移民加拿大溫哥華，任銀行職員

1979 應柏克萊加州大學「中國研究中心」之聘，移美國

1980 年初返台見蔣經國總統，為「高雄事件」被捕人士求情

1980-82 先後任三藩市「遠東時報」顧問和總編輯

1983 柏克萊加州大學東方語言系客座講師

1985 五月在北京會見胡耀邦，應邀訪問西藏

1987 在拉薩會見班禪喇嘛

　　　小說《耿爾在北京》在北京拍電影

1989 創組「海外華文女作家協會」，當選首任會長

1990 因應「六四」民運，創辦「廣場」雜誌並任社長

1994 應「星期天周刊」之聘，赴香港工作

1995 返台定居，中央大學駐校作家：慈濟醫學院兼任教授

1999 獲選中國時報人間副刊 12 位跨世紀作家之一

2000 南投縣駐縣作家

2001-4 中華民國著作權人協會秘書長

2006 國立臺灣科技大學駐校作家

2007 中國婦女寫作協會理事長、專欄作家協會副理事長

2009-10 台灣大學駐校作家

2011獲國家文藝終身成就獎,總統馬英九頒獎

作品得獎:

1977 中山文學獎 --《尹縣長》

1978 聯合報特別小說獎：吳三連文學獎

　　　美國圖書館協會選英譯《尹縣長》為年度佳作

1981 吳濁流文學獎

1986 福州中小說選刊」榮譽獎

2001 中山文獎——《慧心蓮》

陳若曦中文著作表：

奇妙的雲(沙岡原作)	學生書局	台北	1962

短篇小說集：

尹縣長	遠景出版社	台北	1976
	九歌出版社	台北	2005
	新地出版社	台北	2014
陳若曦自選集	聯經出版公司	台北	1976
老人	聯經出版司	台北	1978
城裡城外	時報出版公司	台北	1981
	八方出版社	香港	1981
	天地圖書公司	香港	1983
陳若曦小說選	廣播出版社	北京	1983
陳若曦中短篇小說選	海峽出版社	福州	1985
貴州女人	遠流出版社	台北	1989
	香江出版社	香港	1989
走出細雨濛濛	勤十緣出版社	香港	1993
陳若曦集	前衛出版社	台北	1993
王左的悲哀	遠流出版社	台北	1995
媽媽寂寞	教育出版社	河北	1996
貴州女人	時事出版社	北京	1996
女兒的家	探索出版社	台北	1998
清水嬸回家	駱駝出版社	台北	1999
完美丈夫的秘密	九歌出版社	台北	2000
陳若曦小說精選集	新地文化	台北	2010
媽媽的原罪	新地文化	台北	2014

長篇小說集：

歸	聯經出版公司	台北	1978
	明窗出版社	香港	1978
突圍	聯經出版公司	台北	1983
	三聯書店	香港	1983
	友誼出版公司	北京	1983
遠見	遠景出版社	台北	1984
	博出版公司	香港	1984
	友誼出版公司	北京	1987
	北方文藝出版社	哈爾濱	1988
二胡	敦理出版社	高雄	1985
	三聯書店	香港	1987
紙婚	友 出版公司	北京	1987
	自立報系出版部	台北	1986
	三聯書店	香港	1987
	文聯出版公司	北京	1987
	華夏出版社	北京	1996
慧心蓮	新地文化	台北	2014
	九歌出版社	台北	2000
	大眾出版社	新加坡/吉隆坡	2001
	新地文化	台北	2014
重返桃花源	南投縣文化局	南投	2001
	草根出版公司	台北	2002

散文集：

文革雜憶	洪範出版社	台北	1979
生活隨筆	時報出版社	台北	1981
無聊才讀書	天地圖書公司	香港	1983
天然生出的花朵	百花出版社	天津	1987
草原行	時報出版社	台北	1988
西藏行	香江出版社	香港	1989
青藏高原的誘惑	聯經出版公司	台北	1989
	博益出版社	香港	1990
柏克萊傳真	勤十緣出版社	香港	1993
柏克萊郵簡	天地圖書公司	香港	1993
域外傳真	人民文學出版社	北京	1996
我們那一代台大人	台北縣文化中心	台北	1996
慈濟人間味	遠流出版社	台北	1996
打造桃花源	台明文化中心	台北	1998
歸去來	探索出版社	台北	1999
生命的軌跡	四川人民出版社	成都	2000
我鄉與她鄉	九歌出版社	台北	2011
尋找桃花源	新地文化	台北	2014

陳若曦英文著作：

Spirit Calling: Tales out of Taiwan （短篇小說創作）
Heritage Press, Taipei, 1962

Ethics and Rhetoric of Chinese Cultural Revolution（論文集）
University of California Press, Berkeley, 1981

Democracy Walls and Unofficial Journals（論文集）
University of California Press, Berkeley, 1982

作品譯成外文：
英文：
尹縣長及文革小說 Indiana Univ. Press 美國, 1978
兩個作家和文化大革命：老舍與陳若曦 香港中文大學出版社 香港, 1980
老人 中文大學出版社 香港, 1986
路口 Edwin Mellen Press 美國, 1992

其它語文：
「尹縣長」除了英譯之外，還有七國語譯文：日文、法文、德文、瑞典文、挪威文、丹麥文及荷蘭文。

半世紀的差別

Photo Credit

陳若曦

陸沙舟

蔣欣辰

鏡頭日記

www.ingramcontent.com/pod-product-compliance
Lightning Source LLC
Chambersburg PA
CBHW051358110526
44592CB00023B/2873